Edition Akzente
Herausgegeben von
Michael Krüger

Inger Christensen
Der Geheimniszustand und das »Gedicht vom Tod«

Essays

Aus dem Dänischen von Hanns Grössel

Carl Hanser Verlag

Die Originalausgabe erscheint 2000 unter dem Titel
Hemmelighedstilstanden. Essays
bei Gyldendal in Kopenhagen.

ISBN 978-3-446-23429-1

Umschlag: Nach einem Entwurf von Klaus Detjen
unter Verwendung des Kupferstiches *Newton* (1795)
von William Blake
Satz: Filmsatz Schröter GmbH, München
Printed in Germany

Inhalt

Gedicht vom Tod

Nichts ist geschehn
tagelang sitze ich
vorm Papier aber
nichts geschieht

☆

Ich bin wie ein Kind das mit
Trauer gefüttert wird
ich hebe meinen Arm
kann aber nichts schreiben

ich bin wie ein Vogel der seine
Artgenossen vergessen hat
öffne meinen Schnabel
kann aber nichts singen

☆

So sonderbar das Gefühl, schamlos
an den Tod zu denken
wenn keiner den man kennt
gestorben ist

das macht: sooft man sich
im Spiegel sieht, blickt man
dem Tod in die Augen
ohne zu weinen

als wäre er eine klare
vollauf verständliche Antwort
aber auf Fragen die man
nicht stellen mag

☆

Ich kann nichts schreiben
das Papier ist leer wie gestern
es wirkt so in sich gekehrt
weißlich und still

dieselbe weißliche Farbe
wie Schnee wenn er alt wird
und die Frostrinde birst
aber nichts hervorquillt

nichts keine Träne
kein Schneeglöckchen nichts
wie, wenn wir nicht
sterben müßten

wie, wenn wir immer hier auf der
Erde sein könnten
welcher irdische Zustand
müßte dann Tod genannt werden

und welcher Tod Leben
wenn die Seele des Blinden
das Weiß der Augen herausge-
kehrt hat und sieht

☆

Heut nacht hab ich geträumt
ich sei tot und käme mit meinem
Hund zusammen ins
Totenreich gelaufen

keiner war zu sehen
nur Steine und etwas Büsche
eine Landschaft von der die Reisenden
oft erzählt haben

wie gesagt war ich tot
doch so müde daß ich bald
auf einem Felsen einschlief
und träumte ich stürbe wieder

ungern möchte ich hier im
Dunkel des Totenreichs sterben
lieber bei mir zu Hause
wo ich nicht tot war

auf dem Rückweg dann ließ ich
mich auf dem Felsen nieder
tagelang saß ich und
schrieb so wie hier

all den Tod, durch den
ein gewöhnlicher Mensch
selber hindurch muß
im Lauf seines Lebens

als ich erwachte sah ich daß
nichts geschehn war
das Papier war leer
doch ich atmete ruhig

☆

Einsam ist es an den Tod
im Dezember zu denken
das Leichentuch der Wolken
rings um das Haus

im Park das drohende
Licht unter den Bäumen
alle Arten von Toten
auf Wanderung in der Stadt

einer mit einem Fisch
den er wie ein Hilf-
loser betrauert
mit den Tränen der Fischer

einer mit dem in Not geratenen
Vogel den er an seinem
Herzen trägt
seinem abgestorbenen Herzen

einer mit einem Wort
das sein Ding verloren hat
die nachgelassenen Wörter
die ein Körper abschüttelt

der Körper dessen Blut von
seinem Gehirn wegläuft
der Körper dessen Herz
kalt wie ein Messer ist

eingesperrt
zwischen den Sternen
schreien wir aus dem
Innern des Sarges

die Wörter sterben
auf unsern Lippen
der Körper ist ein Tier
das sterben muß

in wilder Trauer
erinnre ich plötzlich
den Garten des Paradieses
die offenen Wunden der Gräber

die Gießkanne aus Zink
die Metallvase, den Rechen hinter dem Stein
und das Herbstrauschen von Staren
in Schauern durch die Luft

das Rauschen wo die Welt
der Toten und die der Nicht-Toten
im Trost des großen
Trostlosen zusammentreffen

☆

Schreib vom Tod
beschreib in einem Gedicht
was du beim Tod
empfindest

dem Tod gegenüber
bin ich wie ein Tier
und das Tier kann sterben
kann aber nichts schreiben

versuch ein Gedicht
vom Tod zu schreiben
hat der Tod einen Sinn
welchen

jetzt wo die Äpfel
so weit vom Baum der Er-
kenntnis fallen
daß sie nicht

aus Lust gegessen werden
und nicht aus Hunger
sondern aus müder Gier
ist der Tod allein

jetzt wo die Äpfel Modellen
von Äpfeln ähneln
Idealäpfeln
ohne einen Flecken

jetzt wo der Wurm in der Brust von andern
als den Kindern des Menschen
nagen darf
ist der Tod verdrängt

nimm den Tod an die Hand
gib ihm einen Apfel
geh zu seinem Grab hin
und beiß erst selber vom Apfel

tanz auf seinem Grab
laß die Weisheit walten
zehre von den Schichten aus Dunkel die
mit dem Sonnenlicht einhergehn

die Wörter sterben ja wie Fliegen
ihre Leichen überall weggefegt
von dem weißen Papier
gib dem Staub etwas Platz

das Neugeborene ist wie ein
überirdisches Geschöpf
das erst wenn es von Krankheiten
befallen wird einem

Menschenkind ähnelt
gib uns Platz dazu, eine
sterbliche Form von Un-
sterblichkeit zu lieben

wie die Tiefe das Wasser hochhebt
zu einer Quelle
hebt der Tod die Lebenden hoch
zum Trinken

Der Schatten der Wahrheit

William Blake: *Newton*

Kupfverstich, vollendet mit Feder und Aquarellfarbe. 1795. (46 mal 60 cm).

Erstes Bild. Was ich sehe, könnte dem klassischen Heldenbild ähneln. Der griechische Athlet als Bote. Es ist gegen Abend im Gebirge, vielleicht irgendwo zwischen Sparta und Athen, der Läufer hat sich an den Wegrand gesetzt und seine Schriftrolle ausgebreitet. Vielleicht, um die Strecke zu kontrollieren, den kürzesten Weg zwischen Ausgangspunkt und Ziel, vielleicht, um die Botschaft zu kontrollieren, unter allen Umständen, um sich näher zu orientieren, ehe es völlig dunkel wird und ehe er in Kürze weiterläuft. Wie der Held unterwegs mit einer lebenswichtigen Botschaft. Aber hat der Himmel nicht etwas seltsam Steinartiges? Hat die Wegfläche unter der Schriftrolle nicht etwas seltsam Meeresbodenartiges? Und haben die Gewächse des Felsens nicht etwas seltsam Unterseeisches? Jedenfalls sieht es so aus, als wäre etwas wie eine Qualle, eine Seeanemone oder ein Tintenfisch zum Dunkel unter dem Felsen hingestrebt.

Zweites Bild. Besteht eine Verbindung zwischen der klassischen Heldengestalt, der angedeuteten Wasserwelt und dem Steinhimmel des Hintergrunds? Zunächst einmal suche ich Hilfe im Titel des Bildes. Was ich sehe, muß um das ergänzt werden, was ich nicht sehe. Ich sehe natürlich noch immer diese Schriftrolle mit Figuren aus der griechischen Geometrie, die von einem zu einem anderen Ort gebracht werden soll, wie ich vermute. Zugleich aber werde ich jetzt gezwungen, das, was ich sehe, von einem Namen bestimmen zu lassen. Oder richtiger: von zwei Namen. Von dem Namen »Newton«, welcher der Titel des Bildes ist, und von dem Namen Blake, dem Maler des Bildes, der das Bild symbolisch gemacht hat, indem er es »Newton« nannte. Der Held ist also nicht bloß von Sparta nach Athen gelaufen gekommen oder umgekehrt, er hat den ganzen Weg durch die Geschichte Europas genommen, bis er 1795 von Blake hier an diesen Wegrand gesetzt wird in Gestalt von Newton, eine nackte Menschenfigur, die sich nicht mehr damit begnügt, die Botschaft und die Strecke bloß zu kontrollieren, nein, er konstruiert selber die Botschaft, er ist selber die Strecke, der die Botschaft folgt. Wir wissen ja alle, daß Newton, sozusagen während einer Pause im Lauf, unser gesamtes Weltbild veränderte. Aber diese Veränderung ist mit dem Bilde des offenen Himmelsraums verbunden. Der unsichtbaren Fähigkeit der Planeten, sich durch etwas zu bewegen, das wie nichts aussieht. Warum also ist Newton unter einen Himmel gesetzt, der wie zusammengeschmolzener Stein aussieht? Warum sitzt er so angespannt auf einem Felsen, der wie ein vulkanisches Riff aussieht? Hat er gar nicht den Tintenfisch entdeckt, oder was es nun für ein Meerestier ist, mit dem er die Welt teilt?

Drittes Bild. Ich suche jetzt Auskünfte weiter außerhalb des Bildes, in Nachschlagewerken und dergleichen. Zwar ähnelt Blakes Doppelexponierung des griechischen Athleten und Newtons nicht direkt Newton, nicht, wie ich ihn von zeitgenössischen Bildern kenne, angetan mit Spitzenhemd, Samtmantel und Allongeperücke. Aber ich verlasse mich darauf (auf Blake), daß dieser nackte Athlet und Berechner kein Geringerer ist als der Physiker, Astronom, Mathematiker Isaac Newton, Professor in Cambridge, Münzmeister und Präsident der Royal Society, der Entdecker des Gesetzes der Schwerkraft, der Farbenstreuung des Lichtes u. a. Außerdem entdecke ich, daß Blake absichtlich die Illusion glaubwürdiger gemacht hat dadurch, daß er die Zeichnung auf der Schriftrolle einem von

Newtons eigenen Büchern über Optik entnahm. Der Held als Philosoph, als derjenige, der die Einrichtung der Welt sichtbar macht. Wenn dazu noch das Spekulative getan wird, daß nämlich die Zeichnung auf der Schriftrolle anscheinend ein gleichschenkliges Dreieck ist, welches das Symbol für Gott ist, und daß in das Dreieck ein Kreisbogen über die Grundlinie eingezeichnet ist, der sehr wohl der geometrische Ort für all diejenigen Punkte sein könnte, von denen aus man die Grundlinie aus Gottes Gesichtswinkel sieht, dann sind wir ganz nahe bei der vollkommenen Heldenverehrung, Newton als der nackte ausgesetzte Mensch, der den Zusammenhang von allem durchschaut. Aber weiterhin: Warum ist er in diese Welt aus Wasser und Finsternis ausgesetzt? Warum nicht in Luftigkeit und Licht? Warum kehrt er all den glühenden Farben im Felsen den Rücken zu und hält den Blick starr auf die schwarz-weiße Modellwelt der Schriftrolle gerichtet? Mir ist allmählich, als sähe ich ihn ausgesetzt auf den äußersten Rand eines Felsens, der sehr wohl dreieckig aussehen könnte, so als balancierte er in Wirklichkeit, ohne es zu wissen, auf der Außenseite des Dreiecks, über das er auf der Zeichnung Überblick zu haben meint. Als wäre Newton Opfer seiner eigenen Illusion.

Viertes Bild. Indem ich noch weiter außerhalb des Bildes gehe, zeigt sich, daß sich in Blakes Bilderwelt früh schon Spuren finden, die auf das Newton-Bild vorausweisen. Schon zu Beginn der 1780er Jahre kopierte Blake einen Stich von Adamo Ghisi, der eine der Figuren auf Michelangelos Fresken in der Sixtinischen Kapelle darstellt, nämlich den judäischen König Abias, von dem man weiß, daß er von einem hohen Felsen aus seine Soldaten dazu anfeuerte, sich in den Krieg zu stürzen, den er von seinem Vater geerbt hatte, einen Krieg, den er gewann. Diese Geschichte sieht man auf Blakes Bild nicht ganz, aber man sieht Abias abgebildet mit derselben schildähnlichen Muskelstruktur wie Newton, so daß man versucht sein könnte zu sagen, daß auch Newton einen Krieg geerbt hat und daß er gezwungen ist, der ganzen bunten Welt krampfhaft den Rücken zuzukehren, um diesen Krieg zu gewinnen. Eine andere Spur findet sich in einem der Bilder aus der Reihe »There is no Natural Religion«, ein Bild, das einen alten Mann zeigt, der mit den Knien auf der Erde ruht, wo er mit Hilfe eines Zirkels eine Illustration zu Blakes Bildtext »Application. He who sees the Infinite in all things sees God. He who sees the Ratio only sees himself only.« zeichnet. Zwar sind da also ein Krieg, der gewonnen, eine Einsicht, die gefunden wird, und eine Menschheit, die heldenmütig bleibt, indem sie in der Gestalt Newtons die Wahrheit findet; aber im selben Augenblick, da die Wahrheit gefunden wird, zeigt sie ihre Begrenzung. Denn die gefundene Wahrheit ist zwar für immer wahr, ob es sich nun um Newtons Gesetze oder um andere Absoluta der Wissenschaft handelt, aber wenn die Wahrheit ans Licht des Tages kommt, kommt zugleich der Irrtum hervor. Der Irrtum ist sozusagen der Schatten der Wahrheit. Je mehr die Wahrheit an Umfang zunimmt, desto mehr nimmt der Schatten der Wahrheit zu. Denn, wie Blake in einer Aufzeichnung schreibt: »... All of us on earth are united in thought, for it is impossible to think without images of somewhat on earth.« (Zitiert nach Northrop Frye: Fearful Symmetry. A study of William Blake)

Fünftes Bild. Keiner kann sehen, ohne mit einem Blick zu sehen, der selber ein Teil des Betrachteten ist. Deshalb wird Blakes Doppelbild des Helden auch ein Bild vom Schatten des Helden, von dem fruchtbaren, vielfältigen Felsen, von dem er ein Teil ist, mitten in dem geschlossenen Himmelsdunkel, während er nicht darauf achtet, daß das Licht, das er sieht, ein Licht ist, das aus seinem eigenen Blick kommt. In dieses schattenvolle Gegenbild gesetzt, könnte Newton geradezu an Prometheus gemahnen. Zwar sind Newtons Herz, Geschlecht und Leber nur verborgen anwesend, übrigens genau im Zentrum des Bildes, so daß kein Adler tags seine Leber zerhacken und kein Zeus nachts sie herauswachsen lassen kann. Aber es hat den Anschein, als hätte er, in all seiner nackten Unschuld, den Göttern das Feuer gestohlen und als wäre er zur Strafe für seinen Aufruhrgeist an den Felsen gefesselt, nicht auf die Berge des Herzens, sondern auf die des Gehirns gesetzt, sozusagen in seinen eigenen Schädel. Ein Bild von einer menschlich großartigen Ohnmacht, wo Newtons Zirkel, mit seiner übermäßigen Spannweite, zu dem Adler verwandelt ist, mit dem er sich selbst martert. Tag für Tag derselbe rührende Versuch, die Wahrheit aus dem Leib zu quälen und den Verstand dazu zu bewegen, Gottes Aufenthaltsort zu verraten.

Der naive Leser

Wenn ich Gedichte schreibe, dann kann es mir einfallen, so zu tun, als schriebe nicht ich, sondern die Sprache selber.

Ich tue so, als wäre es möglich, als Person ein wenig zurückzutreten und die Sprache sozusagen von außen zu überwachen, so als hätte ich sie selber nie benutzt.

Ich tue also so, als hätten die Sprache und die Welt ihre eigenen Verbindungen. Als hätten die Wörter, um mich herum, direkte Berührung mit den Phänomenen, auf die sie verweisen. So daß es der Welt möglich wird, Sinn in sich selbst zu finden. Einen Sinn, der vorher schon da ist.

Dabei tue ich nur so, als ob. Ich spüre aber auch, daß ich das tun *muß*. Ich muß in der Welt Sinn finden, nicht, weil ich das beschließe, vielleicht nicht einmal, weil ich das wünsche, sondern weil ich als ein Eingeborener – auf dieselbe Weise, wie ein Baum eingeboren ist –, ja wirklich als ein eingewachsener Teil der Welt nicht umhinkann, Sinn zu schaffen, den Sinn, der vorher schon da ist und der unaufhaltsam seine eigene Verwandlung verwaltet, als das, was wir unter Überleben verstehen.

Ich kann es auch anders sagen. Was ich hier erzähle, unterscheidet sich im Prinzip nicht von der Art der Bäume, Blätter zu treiben. Die sich selbst produzierenden, sich selbst regulierenden Systeme der Biologie sind im Grunde von derselben Art, ob sie nun Bäume genannt werden oder Menschen.

Als Mensch muß ich natürlich einwenden, daß ich, während ich hier an meinem Fenster sitze, den Baum sehen kann, während ich annehmen muß, daß der Baum nicht mich sehen kann. Aber was heißt das: sehen? Das ist ja Menschensprache. Natürlich ist es richtig, daß der Baum nichts gesehen hat, aber auf seine Weise hat er mich dennoch gesehen, indem er die

Anwesenheit des Menschen gemerkt hat, wenn nicht anders, dann als Luftverschmutzung.

Dann kann man sagen: das zeigt eigentlich nur, daß die Menschen höher stehen als die Bäume und Macht über die Dinge haben, daß, kurz gesagt, wir es sind, die bestimmen müssen, ob die Bäume sterben sollen, und nicht umgekehrt. Doch wer weiß, wie die Verwandlung am besten verwaltet wird. Was wie Waldsterben aussieht, ist vielleicht vor allem ein Zeichen dafür, daß wir selber in Gefahr sind, daß wir selber erliegen können – natürlich *nach* den Wäldern.

Aber vorher oder nachher ist in dem Zusammenhang wohl für die Bäume nebensächlicher als für uns. Wir haben ja keine unmittelbare Fähigkeit gezeigt, aus der Erde wiederaufzuerstehen, wenn wir erst einmal tot sind, aber da Pflanzensamen, die in den Pyramiden Ägyptens versteckt gewesen sind, sich heute als keimfähig erwiesen haben, muß man annehmen, daß die Bäume sich nur in der Erde verstecken und wieder heraufkommen wollen, wenn die Zeit da ist, wenn einmal die Luftverschmutzung und die Menschen weg sind. Die Bäume überleben, dann aber eher mit den Küchenschaben zusammen als mit uns.

Auf diese Weise kann man es wirklich nicht sagen. Und doch. Sie zeigt vielleicht, daß die Welt in Wirklichkeit sowohl lesen als auch gelesen werden kann. Daß Eindrücke geerntet werden können, so wie Trauben geerntet werden. Daß Zeichen gesammelt werden können, so wie Nahrung gesammelt wird. Daß wir als Menschen eine Vielfalt von Zeichen lesen können, von den Bewegungen von Sternen und Wolken über Vogel- und Fischschwärme bis hin zu Ameisensprache und Wasserstrudeln im heimischen Küchenausguß. Alles von Astronomie und unsichtbarer Chemie bis hin zur Biologie und ihrem Klima. Aber auch die Ameisen lesen. Auch die Bäume lesen und wissen auf Sekunden genau, wann sie die Blätter hängen lassen müssen, wenn ihre Blüte in Gefahr ist.

Dennoch sind wir natürlich einzigartig, aber nur, weil die

Erde einzigartig ist. Die Erde hat in ihrer Biosphäre das Projekt entworfen, das Menschheit heißt. Das einzigartig ist, nicht nur, weil in unserem Teil des Weltraums keine anderen in der Nähe sind, die uns ähneln, und nicht nur, weil wir alle Zeichensysteme der Welt ablesen und versuchen können, sie in unsere Sprache zu überführen, auch nicht, weil wir den natürlichen und historischen Prozeß der Lesbarkeit selbst lesen können – nein, eigentlich sind wir nur einzigartig, weil wir das Wort Gott benutzen.

Weil wir uns vorstellen müssen, daß wir auch nach beendeter Lektüre unserer selbst und all des anderen zusammen schließlich an die Grenze der Lesbarkeit gelangen werden. Und vielleicht ist es diese von uns vorweggenommene Grenzstelle, was uns so einzigartig macht. Hier, unterwegs, führen wir das Gespräch zwischen Mensch und Weltall, zwischen Lesbarkeit und Unlesbarkeit, das wir versuchsweise Gott nennen.

Und dieses Gespräch haben wir ja lange geführt. Noch bevor wir eine Schriftsprache hatten. Vielleicht sogar, bevor wir eine Sprechsprache hatten. Jedenfalls bevor wir das erste Gedicht dichteten, mündlich oder schriftlich, weil wir von vornherein mit dem Gedicht verbündet waren, das das ureigene Gedicht des Weltalls ist.

Unterwegs haben wir verschiedene Versuche gemacht, dieses Gedicht einzufangen, und wir haben sie alles mögliche genannt, von Offenbarung bis Wissenschaft. Seit die ersten heiligen Schriften zur Welt kamen, von der Bibel über Novalis bis Mallarmé, und in der Wissenschaft weiter bis zu den letzten Theorien über den Zusammenhang des Weltalls, hat eine Vorstellung vom Weltbuch bestanden, dem Buch, das alles aussagt und damit das Gespräch zwischen Lesbarkeit und Unlesbarkeit zum Aufhören bringt, sozusagen im Worte Gott drinnen.

Eine Vorstellung, die immer Nahrung aus ihrer eigenen Unmöglichkeit gesogen hat. Die Bibel wird zwar eine Offenbarung genannt, aber eine Offenbarung, die in den Vorbehalt mündet, daß wir hier wie in einem Spiegel sehen, ein Rätsel, aber zu seiner Zeit von Angesicht zu Angesicht sehen werden – das heißt: einmal, wenn die Welt, die offenbart wird, nicht mehr existiert.

Und auch wenn Novalis die allumfassende Verschmelzung von Wort und Phänomen sucht – »Das Äußre ist ein in Geheimnißzustand erhobnes Innre« – und die Formel für das archetypische Buch umkreist, wird die Arbeit immer wildwüchsiger, denn je mehr er sich um das Ganze konzentriert oder sich in das Ganze hineinliest, desto mehr scheint es sich auszubreiten, genauso wie später Mallarmé dahin kommt, mehr auf die Leere zwischen den Wörtern hinzuweisen als auf die Wörter selbst.

Auch die Versuche der Wissenschaft, das Weltbuch in einem einzigen Zusammenhang zu schreiben, sind in ständig revidierten Theorien über Entstehung, Einrichtung und Verlauf des Weltalls gelandet, Theorien, die ganz draußen an der Grenzstelle entstehen, wo das Gespräch zwischen Lesbarkeit und Unlesbarkeit zwar geführt werden kann unter Namen wie Chaos-Theorien, Fraktalen und Superstrings, aber nur, weil es mit dem Wort Gott allzu anmaßend klingt.

Doch so, wie die Buchstaben in einem Buch niemals die Welt werden lesen können, so können wir auch niemals die Welt lesen. Die Buchstaben werden es natürlich auch nicht versuchen. Wir dagegen sind gezwungen, weiterzulesen. Und stets wird es uns gehen wie in der berühmten Erzählung von Jorge Luis Borges, der Erzählung von der Landkarte, die immer größer und ausführlicher gezeichnet wird, bis sie schließlich genauso groß ist wie die ganze Welt und das bedeckt, was sie eigentlich aufdecken sollte.

In einer menschlichen Dimension muß die Karte eine Abkürzung sein. Und auf dieselbe Art und Weise muß die Sprache eine Abkürzung für die Lesbarkeit der Welt als solche sein. Eine poetische Abkürzung für all die Zeichen im Weltall, deren Verhältnisse und Bewegungen wir nicht umhin können uns anzulesen. Was Novalis »das seltsame Verhältnisspiel der Dinge« nennt. Dieses Verhältnisspiel kommt in allen Arten sich selbst produzierender Systeme und ihrer Verflechtung zum Ausdruck. Von der Welt der Menschen aus gesehen, in erster Linie in der Sprache und der Mathematik und ihrer Verflechtung in uns. Unter anderem in Gestalt von Gedichten.

Wenn ich sage: unter anderem in Gestalt von Gedichten, dann deshalb, weil die Gedanken, die ich mir hier mache, auch eine nachträgliche Rationalisierung sind, die jedenfalls teilweise mit dem Erlebnis verknüpft ist, das ich selber mit dem Schreiben von Gedichten hatte, als ich die Gedichtsammlung *alphabet* schrieb.

Sie entstand auf eine besondere Art und Weise, die vielleicht Licht auf den Zusammenhang zwischen Zahlen, Poesie und Sprache werfen kann.

Wie alle, die sich ab und zu mit der Unlesbarkeit konfrontieren, vielleicht gerade, weil die Lesbarkeit überhaupt existiert, erlebte ich das, was man eine Krise nennt. Warum überhaupt schreiben, wenn die Unlesbarkeit bloß anhält? Und auf einer anderen Ebene: warum schreiben, wenn die Menschheit ihre eigenen Ausrottungsmittel anhäuft und so aussieht, als sehnte sie sich nicht danach zu lesen, sondern danach, sich über die Grenze hinwegzuwerfen, in die große Unlesbarkeit hinein.

Die eigentliche Arbeit damit, diesen Fieberzustand zu überwinden, begann als Vorgang des Einsammelns. Eine mir selbst unverständliche Beschäftigung damit, Einzelwörter auf Papier zu schreiben, vorzugsweise Substantive, die auf konkrete Phänomene in der Welt verweisen, alles mögliche Eßbare, Sichtbare und sinnlich Wahrnehmbare wie Aprikosen, Tauben, Melonen, aber auch Dioxin und anderes. Da standen sie, auf großen Bögen weißen Papiers, Wörter mit A, Wörter mit B, Wörter mit C usw., und wenn ich noch unerträglich viel länger weitergemacht hätte, dann hätte es einer besonders schlampigen Form von Wörterbuch geähnelt, einer Wildnis unzusammenhängender Phänomene.

Hier kommt die Mathematik herein. Denn da die Phänomene niemals von selbst in Zusammenhängen auftreten, nur weil sie benannt werden, wurde es mein Glück, daß ich unterwegs, in meinem Suchen nach Wörtern, zufälligerweise über Zahlen fiel (in einem Lexikon unter F), nämlich über Fibonaccis Zahlenreihe, die ich am ehesten als eine Vision erlebte, als ein Bild für Entstehung und Ausbreitung des Weltalls, das der Theorie vom Urknall entsprach, die damals die führende war. Als das Weltall geboren wurde, geschah folgendes: Alles, was anfangs zu fast nichts zusammengepreßt war, explodierte und breitete sich nach allen Seiten aus, eine Bewegung, die andauern wird, bis die Ausbreitung so groß ist, daß alles zu verschwinden und wieder zu nichts oder fast nichts zu werden scheint. Ein Bild also. Oder ein Gedicht, das sich draußen in der Unlesbarkeit befand, dessen formale Struktur ich jedoch über die eingesammelten Wörter und ihre Phänomene preßte. Dadurch gelang es mir, ein Gedicht zu schreiben, das verhältnismäßig lesbar ist, es vielleicht aber am meisten dadurch ist, daß es auf die gemeinsame Unlesbarkeit hinweist.

In dem Zusammenhang kann es interessant sein zu erzählen, daß ich erst, nachdem ich *alphabet* geschrieben hatte, detailliertere Kenntnis über Fibonaccis Reihe erhielt, worin jede Zahl die Summe der beiden vorangehenden ist; ich wurde nämlich darauf aufmerksam gemacht, daß ganz viele Pflanzen sozusagen Fibonaccis Zahlen benutzen. Zum Beispiel werden zwei aufeinanderfolgende Blätter auf einem Pflanzenstengel das Verhältnis zwischen Fibonacci-Zahlen spiegeln, die zwei Stellen auseinanderstehen. Für den Apfelbaum ist dieses Verhältnis 2 zu 5, für Porreepflanzen 5 zu 13. Und es gilt nicht nur für Blätter, sondern auch für Zweige, Blüten und Samenkörner. Bei der Sonnenblume und der Margerite zum Beispiel sind die Samenkörner in der mittleren Scheibe in Spiralen angeordnet, wo die Zahlen für die

Sonnenblumen allgemein 21 und 34, 24 und 55 oder 55 und 89 sind, während sie für Margeriten 21 und 34 sind. Es sieht also wirklich so aus, als hätten die Pflanzen ihre eigene Art und Weise gefunden, Gedichte zu schreiben. Gedichte, die wir Menschen nicht umhinkönnen zu lesen.

Ob Gedichte nun aber auf die eine oder auf die andere Weise geschrieben werden, ob ich nun so tue, als schriebe *ich* oder als schriebe die Sprache, ob ich nun schlecht und recht die Welt lese oder sage, daß ich ein Teil der Welt bin, der die Welt liest, und daß sie damit sich selbst liest, so bin und bleibe ich der naive Leser, ein Eingeborener, der seine Welt nie von außen sehen kann. Und mein Gedicht wird dasselbe Verhältnis zum Weltall haben wie das Auge, das seine eigene Netzhaut nicht sehen kann. Jedenfalls aber sieht es. Und es liest weiter.

Unsere Erzählung von der Welt

Die Natur hat ihre Notwendigkeit, ihre Richtung, ihren Zwang. Die Blume kann nicht plötzlich innehalten und sich dazu entschließen, nicht zu blühen.

Das Kind kann nicht an seiner Geburt zweifeln und sich dafür entscheiden, in seiner warmen Mutter wohnen zu bleiben.

Wie auch die Erde nicht ihren Reiseweg ändern und eine Runde um den Jupiter oder ganz aus dem Sonnensystem hinaus drehen kann.

Was aber mit der Kunst?

Gibt es auf dieselbe Art und Weise etwas, das Notwendigkeit, Richtung oder Zwang der Kunst heißt?

Entsteht die Kunst mit derselben Notwendigkeit, die Bienenstöcke, Lerchengesang und Kranichtanz entstehen macht?

Ist sie ein natürlicher Ausdruck, der unvermeidlicherweise hervorbricht als eine Hinzufügung zum bereits Existierenden? Eine Naturerscheinung wie alle anderen, etwas, das sich naturnotwendigerweise von selbst durchsetzt, zufälligerweise mit dem Menschen als Produktionsstätte?

Und ist sie ebenso notwendig für Menschen, für die Aufrechterhaltung des Lebens wie der Bienenstock für die Biene und wie der Lerchengesang und der Kranichtanz für die Lerche und den Kranich?

Zugegeben, es ist schwierig, Michelangelo eine Produktionsstätte zu nennen.

Aber weil man sagt, daß die Kunst sich durch ihn entfaltet,

wird er ja nicht kleiner, als wenn man sagt, daß er sich durch die Kunst entfaltet. Es geschieht ja wohl beides.

Und in dieser einen unteilbaren Entfaltung sind sowohl Michelangelo als auch die Kunst mit dem Rätselhaften in der Notwendigkeit der Naturerscheinungen verknüpft.

Zwar ist alles Zufall und Veränderung, aber nur, weil es auch eine Ordnung gibt.

Nur weil es zugleich, unter dem Wechselhaften und Unvorhersagbaren, Ordnung und Schönheit gibt, die jederzeit hervorbrechen können.

Denn obwohl wir nicht zweimal in demselben Fluß baden, so baden wir ja dennoch in dem und dem Fluß namens Ganges, Mississippi oder Po. Die ganze fließende Veränderlichkeit, getragen vom ewig Selben. Michelangelo als eine Kräuselung auf der Oberfläche der Kunst.

Man kann sagen, daß nicht die einzelnen Kunstwerke notwendig sind, sondern die Kunst als solche.

Wie die ersten Menschen sprachen, so sprechen auch wir, und dieses Sprechen kann, ohne daß wir merken, wie es geschieht, umschlagen und rhythmisch werden, kann Gesang oder Gedicht werden, so daß beispielsweise das Aufstehen zugleich Jubel über das Aufstehen werden kann. Und auf dieselbe Art und Weise können all die gewöhnlichen Bewegungen, die wir machen, ohne weiteres Tanz werden.

Und in den Geräuschen der Arbeitsgeräte, die wir benutzen, hören wir plötzlich die Musik, die wir dann verfolgen und fortsetzen, während wir weiterarbeiten, oder statt weiterzuarbeiten.

Und so, weil unsere Sinne immer rege sind, erhält unser Hausrat Verzierungen, unsere Stoffe erhalten Farben und Muster. Und unsere Kinder erhalten Spielzeug, unsere Toten erhalten Geschenke, und das Ganze wirkt lebensnotwendig.

Denn wenn der Wind sowohl im Wasser als auch im Sande zeichnen und mit den Blättern rascheln und im Schornstein heulen und die Wolken dahintreiben kann, so daß sie sowohl tanzen als auch sterben, dann kann Michelangelo auch sowohl zeichnen als auch malen und dabei pfeifen und das noch Ungeschaffene als wirbelnde Gesichte sehen.

Die Frage ist, ob der Mensch überhaupt umhinkann, ein Boot zu bauen, wenn er erst einmal das Holzstück hat schwimmen sehen und an seinem Körper gespürt hat, daß es trägt.

Ob wir überhaupt die Kunst entbehren können, wenn sie uns erst einmal in einen Zusammenhang, und wäre er noch so spielerisch und zeitweilig, hineingehoben und uns dort die ungeteilte Ganzheit des Universums angedeutet hat.

Zwar läßt sich das Wasser aus dem Wasserhahn so trinken, wie es ist. Hat man aber erst einmal erlebt, wie der Wasserstrahl aus dem Maul des Löwen oder des Fisches, aus den Mündern von Drachen, Schwänen oder Göttern strömt, so dürstet einen nach diesen Wasserkünsten, ganz gleich, wieviel gewöhnliches Leitungswasser man trinkt.

Nicht um der Unterhaltung willen. Sondern weil sie als Teile unserer Erzählung von der Welt erlebt werden können, worin wir einander – in Bildern, Zeichen, Gestalten, Figuren – berichten, daß mit der Welt eine zusammenhängende Absicht existiert, obwohl sie verborgen ist.

Eine Absicht, die nicht unabhängig davon ist, ob wir sehen können, was die einzelnen Elemente in der Erzählung darstellen. Denn die Absicht kann ebenso klar, und geklärter vielleicht, unmittelbar darstellungslos hervortreten, wie zum Beispiel in der Musik oder in der abstrakten Kunst.

Obwohl es nicht ohne Probleme abgegangen ist, wenn die Kunst sich von der reinen Wirklichkeitswiedergabe wegbewegt hat.

Wenn zum Beispiel die Bildkunst sich hinausbewegt hat

in abstrakte Schilderungen der Beweglichkeit selbst, die die Wirklichkeit durchströmt.

Und nicht die Dinge selbst geschildert hat, sondern die Verhältnisse, die für Dinge gelten. Die Brüche und Verschiebungen, die Harmonie bilden oder nicht bilden.

Und es auch dadurch getan haben, daß sie auf die reine unentsetzte Wonne hinwiesen, die der Versuch darstellt, das wechselseitige Leben der Farben und der Formen zu verstehen.

Das hätte jeder x-beliebige malen können, hieß es. Das hätte genausogut von einem Affen gemalt sein können. Das hätte mein Kind auch malen können. Ja, das hätte ich leicht selber malen können, wenn ich bloß Lust hätte. Und das ist sowohl richtig als auch überhaupt nicht richtig.

Unter allen Umständen ist es ein Ausdruck für die Notwendigkeit der Kunst, daß wir alle sowohl malen als auch glauben können, wir könnten malen, und überhaupt ein Stück des Weges gemeinsam gehen können. Deshalb muß es auch als eine Auszeichnung betrachtet werden, wenn der Künstler genau das hat malen können, was alle und jeder hätte malen können.

Diese alle und jeder, Affe oder Kind oder wer auch immer, die der Künstler ja ist. Und die immer schon zum Ausdruck kommen. Auch in Michelangelo. Auch wenn er das malt, was kein x-beliebiger anderer hätte malen können.

Worum ich kreise, sind Zusammenhänge und Unterschiede zwischen allen Geschöpfen auf der Erde.

Unser Können, unsere Entfaltung und unser Verständnis als ein gemeinsames Projekt.

Steine und Insekten, Regenwälder, Menschen und Wolkenbildungen als eine gesammelte Notwendigkeit.

Wenn wir nicht singen, spielen und tanzen könnten, wenn wir einander nicht Geschichten erzählen und von der Welt berichten könnten, dann würden wir nie die Welt begreifen und würde die Welt auch nie sich selbst durch uns begreifen können. Alles Wissen, das wir haben, ist in einem gewissen Sinn schon in den großen Kunstwerken gesammelt. Deshalb ist es auch unmöglich, sich eine wissenschaftliche Kreativität vorzustellen, die nicht auch auf vergessene Kindheitserlebnisse baut, auf Erlebnisse in der Natur, der Literatur, der Musik und so weiter – auf alles, was uns zum Staunen gebracht hat, woran wir uns erinnern, ohne es zu wissen, und was uns dazu bringt, zu wünschen und zu hoffen, was wir lieben, anbeten und worein wir eingehen. Aber auch das, was wir hassen. Auch dies, daß wir hassen, daß wir zerstören und sterben können. Und töten.

Im zweiten Band seiner Erinnerungen, in *Die Fackel im Ohr*, erzählt Elias Canetti, wie er in Frankfurt tagelang Rembrandts Bild *Die Blendung Simsons* aufsuchte, um sich selbst kennenzulernen. Auf dem Bilde sieht man zwei Soldaten Simsons Augen ausstechen, während Dalila, die die Soldaten gedungen hat, im Hintergrund triumphiert. »An diesem Bild, vor dem ich oft stand, habe ich erlernt, was Haß ist. Ich hatte ihn früh empfunden, viel zu früh, mit fünf, als ich meine Spielgefährtin mit dem Beil erschlagen wollte. Aber ein Wissen um das Empfundene hat man damit noch nicht, es muß einem erst vor Augen treten, an anderen, damit man es erkennt. *Wirklich* wird erst das Erkannte, das man zuvor erlebt hat. Ohne daß man es nennen könnte, ruht es erst in einem, dann steht es plötzlich da als Bild, und was anderen geschieht, erschafft sich in einem selbst als Erinnerung: jetzt ist es wirklich.«

Wenn man Lyrik zu schreiben versucht, kann der Prozeß oft in einer Meditation über die Sprache beginnen.

Und genau diese Konzentration auf in sich genommen eher leere Wörter und ihre Kombination kann die Erinnerungen hervorholen, die wichtig sind. Und die bewirken, daß später auch der Leser seine Erinnerungen wird hervorholen können.

So wohnen wir allmählich in einem gemeinsamen Sprachprozeß, wo Erleben und Hervorbringen von Kunst verwoben sind.

Bereits dies, daß ich sowohl sehen als auch gesehen werden kann. Und daß ich mich selbst sehen kann. Und mich selbst sehen sehen kann. Mich selbst gesehen werden sehen kann. Auch von anderen. Die selber sehen und gesehen werden. Bereits das birgt einen Keim zur Notwendigkeit der Kunst. »Ist dieser Wasserfall aus Bildern wirklich ein Haus?« Das ist ein Zitat aus einer meiner eigenen Gedichtsammlungen, *brief im april*, ist ursprünglich aber eine Bemerkung, die mein Sohn, der damals sechs Jahre alt war, während einer Fernsehsendung über indische Architektur machte.

Es wurden Bilder des Schiwa-Tempels in Madurai gezeigt, die die Kamera langsam nach dem ganzen Schwall von Gestalten absuchte, die die Mauern des Gebäudes bedecken. »Ist dieser Wasserfall aus Bildern wirklich ein Haus?«

Ja, das ist er. Man muß nur einen Wasserfall erlebt haben. Oder wissen, was das ist. Wissen, daß es etwas gibt, das Bilder heißt. Und man muß Bilder sehen können als einen beweglichen Strom in Gegensatz zu dem Festen, das man vorher unter einem Haus versteht.

Und den Bilderstrom von einem Haus, das dasjenige des Bewußtseins ist, kann man ruhig sowohl Bienenstock als auch Lerchengesang als auch Kranichtanz nennen.

Denn als Mensch kann man gar nicht umhin, Teil des künstlerischen Prozesses zu sein, wo Ursprung, Entstehung und Wirkung unauflöslich verkettet sind.

Hier in unserer Notwendigkeit.

Die Seide, der Raum, die Sprache, das Herz

Seide ist ein Substantiv. Substantive sind sehr einsam. Sie sind wie Kristalle, deren jeder sich um sein Stückchen von unserer Kenntnis der Welt schließt. Aber betrachte sie genau in all ihren Graden von Durchsichtigkeit, und sie werden früher oder später diese Kenntnis zurückgeben. Sprich das Wort Seide aus, und es verschwindet mit dem Laut, aber deine Wahrnehmungen, deine Erinnerung und dein Wissen werfen ein Echo zurück. Schreib es auf ein Stück Papier, und es bleibt unbeweglich stehen, aber deine Gedanken und Gefühle sind schon unterwegs zu den fernsten Winkeln der Welt. Die Einsamkeit des Substantivs hat den Sinn, daß es in sich selbst ruht, als wäre es das einzige existierende Wort. Als wenn Seide das einzige Wort wäre und deshalb jederzeit imstande, unsere eingekapselte Kenntnis zu wecken, Kenntnis nicht nur der Seide, sondern der Welt als solcher. Sogar des Vergessens. Versuch nur, das Wort Seide zu vergessen, und du wirst daran erinnert, wenn du das nächste Mal den Sommerhimmel siehst, ein Blütenblatt oder das Häutchen zwischen zwei Muskeln eines geschlachteten Hühnchens.

Die Seide habe ich bei Lu Chi gefunden, in seiner Ars poetica. Er wurde 261 nach Christus geboren und im Jahre 303 hingerichtet. Wie seine Vorfahren hatte er einen hohen militärischen Rang, aber seine Hinrichtung erfolgte unverzüglich, als er in einer heftigen Schlacht am Yangtse so viele Soldaten verlor, daß ihre Leichen das Wasser des Flusses aufstauten. Zehn Jahre seines kurzen Lebens verbrachte er im Exil, in Studien vertieft. Er hinterließ dreihundert Gedichte und Essays, darunter das kleine Buch über die Schreibkunst, in dem ich die Seide gefunden habe.

»In einem einzigen Meter Seide findet sich der unendliche Weltraum«, schreibt Lu Chi. Er schreibt das chinesische Wort für Seide, malt es mit seinem Pinsel, vermutlich, wie so oft vorher, auf Seide. Ich meine, ich sähe ihn da sitzen, den Pinsel eingetunkt, aber erst nur halb angehoben, wie er in sich hineinlauscht, während das einzige seinem nach innen gewandten Blick Sichtbare die Seide ist, der leere und grenzenlose, der unendliche Weltraum, aus dem die Perspektive im selben Augenblick hereingezogen wird, wo er den Pinsel wirklich anhebt und das Wort Seide schreibt.

Vielleicht war die Seide blau. Alle Adjektive sind sehr hilflos. Sie sind nie so recht etwas an sich. Sie müssen sich Tag für Tag an all die Substantive klammern, die sie finden können. So muß sich blau immer an den Himmel und die Iris des Auges klammern, an Wegwarte, Glockenblume und Kupfersulfat, an die Spiegelung des Himmels in Seen und Meeren. Dasselbe, wenn die Seide weiß war. Dann hat weiß sich an den Schnee und den Reis klammern müssen, an Lilien und Perlen und gekochten Fisch, an Sterne und Zähne. Und die Seide, weiß oder blau, ist schon mit Hilfe des einen oder anderen dieser hilflosen Adjektive fähig geworden, ihre Einsamkeit als Substantiv zu verlassen, und ist jetzt unterwegs zum Schnee oder zum Himmel, zur Wegwarte oder zur Perle und weiter hinaus ins Unendliche. Oder das Unendliche ist unterwegs in die Seide hinein. Vielleicht sollte ich sagen: das scheinbar Unendliche. Oder verhält es sich so, daß das Unendliche von vornherein das scheinbar Unendliche umfaßt? Zum Beispiel könnte ja selbst der längste Seidenfaden der Welt nie scheinbar unendlich lang genannt werden, wenn nicht die Vorstellung vom Unendlichen existierte.

Lu Chi hat das sicherlich gewußt, denn er hat die Seide sein ganzes Leben lang gekannt. Seine Familie war sehr wohlhabend und besaß große Reisfelder und Maulbeerhaine am Delta des Yangtse und Bambushaine in der Hügellandschaft hinterm Hangchow-See. Lu Chi hat natürlich leicht das Wort

Seide auf Seide schreiben können, ohne an den Seidenspinner zu denken; aber ebenso oft hat er an ihn gedacht und besonders vielleicht an dessen Larve, die Seidenraupe, die von den Blättern des Maulbeerbaums lebt, und an dessen Seidengespinst, worin sie sich zu einem kleinen Kokon verpuppt. Das äußere Gespinst ist ziemlich verfilzt, das innere am ehesten pergamentähnlich, das mittlere ist für die Seidenherstellung das feinste, aber es macht einen zusammenhängenden Seidenfaden von etwa viertausend Meter Länge aus. Vielleicht hat Lu Chi also doch nie das Wort Seide schreiben können, ohne an diese viertausend Meter Seidenfaden in jedem einzelnen Kokon zu denken. Sommer um Sommer hat er gesehen, wie die Seidenraupen im Maulbeerhain zu Tausenden ihre Häppchen Maulbeerblatt in Hüllen aus scheinbar unendlich langen Seidenfäden verwandelten. Scheinbar unendlich oder unendlich? Vielleicht hat Lu Chi sich nur gesagt, daß das scheinbar Unendliche dasjenige ist, das so aussieht, wie das Unendliche aussähe, wenn das Unendliche gesehen werden könnte. Oder vielleicht hat er gedacht, daß das Unendliche nicht nur das scheinbar Unendliche umfaßt, sondern daß es so unendlich ist, daß es auch in seiner eigenen Scheinbarkeit inbegriffen ist, so daß er in dem Augenblick, da der Seidenfaden über den Webstuhl hin- und herwanderte, wirklich imstande war zu sehen, wie das Unendliche in jeden einzelnen Meter Seide hineingewebt wurde.

Vielleicht aber gebrauchte Lu Chi überhaupt nie Adverbien. Vielleicht gibt es derartige Adverbien auf chinesisch ganz einfach nicht. Ich könnte das untersuchen lassen. Aber eigentlich ist es ohne Bedeutung für meine Schwierigkeiten hier. Ich müßte ganz einfach Adverbien vermeiden. Soweit wie möglich. Aber Adverbien sind recht eigenwillig. Und ziemlich aufdringlich. Sie finden immer ein Schlupfloch. Wie jetzt das Adverb scheinbar. Es mußte sich unbedingt vor das Adjektiv unendlich stellen. Ärgerlich, wo es sich ohne größeren Schaden vor so viele andere Adjektive hätte stellen können. Scheinbar einsame Adjektive. Scheinbar hilflose, scheinbar unbeweglich(e). Aber Recht muß Recht bleiben. Es sieht so aus, als stünde der Platz vor unendlich meist gähnend leer und als hätten nicht sonderlich viele Adverbien Lust, sich gerade auf diesen Platz zu stellen. Weder recht unendlich, ziemlich unendlich noch sehr unendlich. Nicht einmal wahnsinnig unendlich oder nur ungewöhnlich unendlich. Vielleicht konstant unendlich. Aber scheinbar kam zuerst. Scheinbar unendlich. Und wie alle anderen Adverbien hat es etwas Bevormundendes an sich. Etwas Abschätzendes. Bewertendes. So daß Substantiv und Adjektiv nur mit Mühe alleine zusammensein und sich frei bewegen dürfen. Man sehe sich nur das Zitat von Lu Chi an. Hier wäre das Adverb völlig vernichtend gewesen. »In einem einzigen Meter Seide findet sich der scheinbar unendliche Weltraum.« So behandelt man die Seide nicht. Schon gar nicht, wenn man Lu Chi heißt und auf sein eigenes und das Vorstellungsvermögen anderer vertraut.

Wenn man glaubt, man könne über Lu Chis Seidensatz Schatten logischer Fragen werfen, wenn man geradezu meint, was er über die Seide und den Weltraum schreibt, sei unwahr, oder es darauf reduziert, eine sogenannte poetische Wahrheit zu sein, dann hat man Lu Chi nicht verstanden. Lu Chi zufolge ergibt es keinen Sinn, der Poesie logische Fragen zu stellen. Die poetische Sprache ist unendlich, während die logische Sprache nur scheinbar unendlich ist. Die Sprache ist überhaupt vorlogisch, während das Logische eine Spezialität mit beschränkter Reichweite ist. Eine sehr nützliche Spezialität, die uns ermöglicht, objektiv über das zu sprechen, was wir eine objektive Welt nennen. Aber auch eine sehr gefährliche Spezialität, weil wir offenbar eine Neigung dazu haben, diese objektive Welt mit der Welt als solcher zu verwechseln. Aber Lu Chi läßt sich nicht dazu narren, die Sprache kleiner zu machen als die Wirklichkeit, mit der sie zusammenhängt. Die Sprache kann nicht von der Welt getrennt werden, ohne daß die Welt von sich selbst getrennt wird. Deshalb antwortet

Lu Chi, schon bevor diese vorhersagbaren Fragen gestellt sind, dadurch, daß er seinen Seidensatz in Begleitung eines anderen Satzes, eines Sprachsatzes, auftreten läßt: »In einem einzigen Meter Seide findet sich der unendliche Weltraum; die Sprache ist eine Sintflut, aus einem kleinen Winkel des Herzens.« Die Seide, der Raum, die Sprache, das Herz setzt er in zwei parallelen Sätzen zusammen, die erst weit außerhalb des Gesichtsfeldes zusammenlaufen und sich vereinen.

Das ganze Buch Lu Chis über die Kunst zu schreiben besteht, mehr oder weniger ausgesprochen, aus solchen Parallelläufen, aus zweizeiligen Strophen, die zwar gereimt sind, die dennoch aber nicht als eine besonders gebundene Form erscheinen, weil die einzelne Verszeile unregelmäßig ist, ungefähr wie in einem Prosagedicht. Diese besondere Form heißt auf chinesisch *fu.* Die Fu-Form wurde früher in langen erzählenden Gedichten über historische Ereignisse benutzt oder in Huldigungsgedichten an Fürsten oder Führergestalten überhaupt. Aber Lu Chi schuf eine Erneuerung der Fu-Form, indem er sie in seiner Poetik benutzte. Das Wort bildet obendrein die zweite Hälfte vom Titel des Buches, *Wen fu.* Äußerlich ist es kein sehr umfassendes Buch. Etwa 30 Seiten mit 21 Texten, die recht bündige Titel haben – Titel, die hervorheben, was wichtig ist, wenn man als Dichter mit Worten arbeitet. Es geht um einfache, aber sehr komplizierte Dinge, als da sind: wie man anfängt, wie man Worte wählt, oder um Harmonie, um Originalität, um Angst, um Inspiration oder darum, wie man eine Form findet, und Lu Chi macht geradezu Vorschläge dafür, welche Formen es jedenfalls gibt, einer der Texte heißt nämlich ganz einfach Gattungskatalog. Trotz der einfachen Konzentration auf die Praxis sind die Seide, der Raum, die Sprache, das Herz in sämtlichen Texten zugegen, verwoben in einem lebendigen Muster. Ein Muster, das ununterbrochen gebildet und verwandelt wird dadurch, daß die Dinge in ihrer Begleitung durch die Worte entstehen. So daß die Welt, die einmal von selbst entstand und mit den Menschen den Worten zu entstehen ermöglichte, jetzt außerdem noch im Gedicht entsteht als Bewußtsein ihrer selbst, ihrer eigenen Entstehung und ihres anhaltenden Entstehens.

Alle Verben sind sehr fügsam. Sie entstehen von selbst, dadurch, daß die Bewegung entsteht. Sie bewegen sich und lassen sich bewegen. Sie halten alles in Bewegung, auch sich selbst. Sie rücken umher und wechseln Identität und heben für eine Weile die Einsamkeit jedes Substantivs auf. Sie sind immer auf Wanderschaft und stellen sich immer ganz vorne hin, wenn gefragt und untersucht werden, wenn präzisiert werden soll und neue Möglichkeiten ausgedacht werden sollen. So sind alle Verben sehr offen und werden mit großer Leichtigkeit immer mehr. Sie spalten das Verbum sein in unzählige Varianten auf. Einzelne Verben halten sich mehr oder ganz für sich. Zum Beispiel halten sich sollen, können, müssen und wollen für sich, außerhalb der üblichen Veränderlichkeit der Verben. Sie treten als eine Art konstanter Marköre auf, die ab und zu hereintreten, um den gewöhnlichen Verben einen Schubs in die richtige Richtung zu geben. Aber insgesamt sind die Verben fluktuierend, so daß man versucht ist zu sagen, daß der ganze Sprachstrom der Strom der Verben ist. Nicht zuletzt die Verben machen die Sprache zu einer Sintflut, zu einer Rede, die alles überschwemmt. Dieses Allesüberschwemmende, das aus einem kleinen Winkel des Herzens zur Sprache wird, diese Seide, die den unendlichen Weltraum enthält, dieses unaufhaltsame Hin- und Herströmen zwischen Bewußtsein und Sehen ist undenkbar ohne die Energie von den Verben, vereinigt in dem Verbum sein. Das es möglich macht, zugleich zu unterscheiden und nicht zu unterscheiden, was in *was* ist. Die Sprache ist im Herzen, das in der Sprache ist. Der Raum ist in der Seide, die im Raum ist.

Lu Chi versucht in *Wen fu*, dieses Mysterium als die Selbstverständlichkeit zu fassen, die es ist. Nicht zuletzt mit Hilfe des Wortes Wen versucht er, es zu fassen. Das Wort wen ist eines der ältesten Wörter im Chinesischen, mindestens dreitausend Jahre alt, und auch zu dem Zeitpunkt, als man die Orakel-Knochen auf einen schwarzen Stein legte, damit sie wie Buchstaben im Weltraum leuchten könnten, bedeutete das Wort wen Kunst, in Gestalt von Literatur oder Bildhauerkunst. In seiner etymologisch ursprünglichsten Form bedeutet wen ganz einfach Muster oder Struktur, eine Struktur, bei der Bedeutung und Form so untrennbar miteinander verbunden sind, daß sich das eine nicht ohne das andere denken läßt, Form nicht ohne Bedeutung und Bedeutung nicht ohne Form. So bedeutet wen auch das Schreiben als den natürlichsten Ausdruck für die Tiefe oder das Zentrum des Bewußtseins, das auf chinesisch mit einem Wort bezeichnet wird, das Herz und Gemüt vermischt. Wenn Lu Chi das Wort wen gebraucht, erhält es deshalb eine Vielfalt von Bedeutungen. Nur die Oberfläche bedeutet Literatur, in Wirklichkeit bedeutet es auch Verantwortung; auch eine Verantwortung dafür, die Wahrheit zu sagen, die sich etwa dahingehend definieren läßt, die Dinge bei ihrem richtigen Namen zu nennen.

Wenn man die Dinge bei ihrem richtigen Namen nennt, dann bedeutet das nicht, daß die Namen genannt werden, um die Dinge zu repräsentieren, und es bedeutet nicht, daß die Sprache die Wirklichkeit als etwas von der Sprache Getrenntes meint. Eher tritt eine Art Schwellenzustand ein, in dem Sprache und Welt sich mit Hilfe voneinander ausdrükken. Die Welt, die ihre natürliche Verlängerung in der Sprache hat, kommt zum Bewußtsein ihrer selbst, und die Sprache, die ihren Hintergrund in der Welt hat, wird zu einer Welt in sich selbst, zu einer ständig mehr entfalteten Welt. So kann man sagen, daß man in der Dichtung etwas zu produzieren versucht, wovon man bereits selber ein Produkt ist. Das Herz, das aus seinem eigenen kleinen Winkel der Welt von den Zufälligkeiten aller Welt überströmt, die es mit Hilfe vom Herzklopfen eines ganzen Lebens aufgesammelt hat, um vielleicht eine Ordnung erkennen zu können, bevor es zu schlagen aufhört – und die Seide, die in ihrem gewebten Zusammenhang aus Natur und Kultur eine Leere illudiert, so entscheidend neugeschaffen und möglichkeitsgefüllt, daß sie bereit ist, den unendlichen Weltraum aufzunehmen und ihn zu enthalten, ihn nach innen zu krempeln wie in einem Möbiusband und ihn in dieser unergründlichen Schwingung zwischen außen und innen verbleiben zu lassen – über diese Größen und ihre Verhältnisse, die Seide, den Raum, die Sprache, das Herz, könnten wir gar nicht sprechen, wenn wir nur Substantive, Adjektive, Adverbien, Verben zur Verfügung hätten. Oder richtiger: unser Gebrauch all dieser einsamen, hilflosen, eigenwilligen oder fügsamen Wörter wäre unmöglich, wenn sie nicht in all den Vergleichen und Relationen verankert wären, aus denen die Welt in sich selbst besteht und die diskret von den eher unsichtbaren Präpositionen vermittelt werden, die dadurch am besten geliebt werden können, daß sie so genau wie möglich gebraucht werden.

Alle Präpositionen sind am ehesten unsichtbar. Sie erhalten die Sprache auf dieselbe Weise, wie der Raum die Planeten trägt. In ihrer begrenzten Anzahl, oben, unten, außen, innen, über, unter und so weiter, halten sie das Bewußtsein in derselben Art von Bewegung wie die Welt. Sie setzen alle Substantive auf ihren Platz im Verhältnis zueinander und bestärken uns stillschweigend darin, daß wir von vornherein in der Welt getragen sind von einer unerschöpflich großen, immer existierenden Vergleichsgrundlage. Ich habe mich einmal mit dem dänischen Sprachforscher Viggo Brøndal beschäftigt, der unter anderem ein Buch geschrieben hat, das *Die Theorie der Präpositionen* heißt. Darin versucht er, die Präpositionen zu systematisieren, so daß sie sich dem Gedanken nähern, daß die Verhältnisse, auf die sie sich in der Sprache beziehen, von vornherein gegeben sind in der Welt, der die Sprache entspringt. Er teilt sie deshalb in Kategorien ein, die Namen haben wie Symmetrie, Transitivität, Kontinuität, Konnexität, Variabilität, Extension, Integrität, Universalität. Über Universalität schreibt Brøndal abschließend: »Die am allerweitesten gehende Synthese würde schließlich alle Zonen und Grade von Relationsarten umfassen, abstrakte, konkrete und komplexe, primäre und sekundäre, die zentrale und die periphere. Eine solche Totalrelation müßte ihrer Natur nach auf der Grenze des Denkens selbst stehen, sie müßte als Ausdruck für die Qualität des Erlebnisses von nahezu mystischem Charakter sein.«

Welches Mysterium? Vielleicht dies, daß die Formen vorher in der Welt existieren. Ein Baum existiert in seiner Baumgestalt, und deshalb kann auch mein Leben oder das Leben meiner ganzen Familie diese Gestalt annehmen. Aber auf eine Weise, nicht wie ein Vergleich, eher wie eine Form, die dieselbe ist. Und die auch eine Gedichtform sein könnte. Und hier sollen Formen nicht als statische betrachtet werden, sondern als fortlaufende Prozesse, die ab und zu verdeutlicht werden, auch in einem Zusammenspiel mit unserem Sinnesapparat. So betrachtet, ergibt sich mehr Ähnlichkeit als Unterschied, wenn man die chemische Arbeit der Zellen, den Körper als Form zu erhalten, zusammenhält mit der Arbeit der Wörter, die Welt als Gedicht zu erhalten. Das Wort hat im Prinzip dieselbe Chemie wie diejenige, deren es dazu bedarf, die Kristallisationsprozesse in Gang zu setzen. Von außen gesehen, in ihrem zufälligen Zustand, zum Beispiel in einem Wörterbuch, ähneln die Wörter dem Chaos. Aber eigentlich sind sie immer in Ordnung, sozusagen bei ihren Phänomenen zu Hause. Wir glauben indessen, es sei immer an uns, die Wörter in Sätze und Gegensätze zu ordnen, ehe das Ganze sich ordnet. Nichts kann verkehrter sein. Die Ordnung, zu der wir uns hinzuordnen versuchen, gibt es vorher. Der Gegensatz, den wir zwischen Chaos und Ordnung errichten, ist selbsterfunden. Wir erfinden eine bestimmte Sehweise, welche die Dinge für uns ordnet, aber ohne zu verstehen, daß diese Sehweise bereits eine Ordnung ist. In diesem Labyrinth aus Bewußtsein, mit Welt verwachsen, befinden wir uns, wo es ungewiß ist, wer wen verfolgt, die Welt oder das Bewußtsein.

Der französische Dichter Bernard Noël hat eine sehr schöne Beschreibung der Situation des Dichters in diesem Zusammenhang: »Man schreibt, um bis zum letzten Wort zu gelangen, aber die Schreibbewegung schiebt es ständig auf. Das letzte Wort kann in Wirklichkeit an jeder beliebigen Stelle im Text sein. Oder vielleicht ist es der ganze Text. Wenn ich schreibe, laufe ich somit hinter einem Schatten her – und ebendies, daß ich laufe, bringt den Schatten dazu, sich zu bewegen.«

In diesem Licht müssen die Seide, der Raum, die Sprache, das Herz gesehen werden. Sie sind Gebiete desselben Schattens, hinter dem wir herlaufen. Seidenschatten, Raumschatten, Sprachschatten, Herzschatten, und dadurch, daß wir hinter ihnen herlaufen, bewegen sie sich ineinander und ganz in den Schatten Gottes hinein. Oder wie Lu Chi nicht geschrieben hat, aber wohl hätte schreiben können: Die Dinge verschwinden in den Schatten voneinander und von sich selbst; aber die Gedichte kehren mit einem Widerschein von diesem Schatten zum Licht zurück.

Das Mysterium der Realitäten

Ich sitze hier und schreibe (die Sprache). Ich schreibe über die Dinge um mich her und bekomme Geld dafür (die Arbeit). Darüber, was die Dinge mich über meine Anschauung der Dinge gelehrt haben, meine Lebensanschauung (die Gefühle). Ich (Ich), die ich einmal geboren wurde und mich sogleich unter meinen Artgenossen (die Menschen) befand, sitze hier und schreibe in einem Haus in Kopenhagen. Jemand muß es einmal gebaut haben (die Gesellschaft). Es hat eine Geschichte. Eine Zeitrechnung, die eine von vielen auf der Erde ist (die Natur). Die Erde, die wir jetzt von außen sehen können. Da hängt sie. Da wohne ich (der Weltraum).

(Der Weltraum mit, unter anderem, der Natur, mit der Gesellschaft, mit den Menschen, mit mir, mit meinen Gefühlen, meiner Arbeit, meiner Sprache – all diese Größen und ihr gegenseitiges Verhältnis werden eingelagert in meine Vorstellungswelt, die unaufhaltsam in Bewegung ist, von der ich aber dennoch ausgehe, als wäre sie das, was wir eine Lebensanschauung nennen – eine Lebensanschauung also, die ein Prozeß ist, bei dem die Anschauung nicht getrennt werden kann von dem Leben, das sowohl sieht als auch gesehen wird und das, wenn es sagt, was es sieht, seine ihm innewohnende Unaussagbarkeit demonstriert.)

(Der Weltraum) Da ist das Staunen. Darüber, daß die Sonne, die sich wie ein donnernder Scheiterhaufen durch Jahrmillionen hindurch selbst zerstört, Leben erschafft. In dem, was wir Ewigkeit nennen, kommt das Sonnenlicht mit genau derjenigen Geschwindigkeit an, die dazu nötig ist, auf der Erde Leben zu erschaffen und es aufrechtzuerhalten. Nicht ewiges Leben für den einzelnen. Aber ewiges Leben für das zusammenhängende Ganze, in einer Art Gleichgewichtszustand zwischen Leben und Tod. Im Sinne der Sonne ewig. Bis die Sonne erlischt. So wohnen wir in einer Welt, wo Schöpfung und Zersetzung als eines des anderen Seite in einer großartigen Natur pulsieren. Und wir müssen glauben, daß wir, abgesehen von den Tieren, die uns sehen, als einzige wissen, daß wir hier sind.

(Die Natur) Da ist noch immer das Staunen. Das tägliche Staunen. Wenn ich beispielsweise im Fernsehen den Wetterbericht sehe und nicht nur erfahre, wie das Wetter morgen werden wird, sondern auch, wie die Erde gerade jetzt aussieht. Da hängt sie. Beleuchtet von der Sonne.

Von weitem so ruhig und schön. Die bekannten Figuren der Kontinente. All das Grüne und das Blau der Meere. Hie und da Schneeschimmer und die dunklere Dichte der Berge, die Verästelungen der Flüsse. Ab und an in Wolkenwirbel gehüllt.

Und aus nächster Nähe, ganz unten in Menschenhöhe, noch immer ruhig und schön. Zugleich aber unruhig und unschön. Weiterhin die Wiederholung von Formen und Mustern. Beruhigend. Zugleich aber die beunruhigenden Übergänge zum Katastrophalen, zu Stadien von Fäulnis und Unordnung. Dieser ganze unbegreifliche Schlamm.

Dazu die Schönheit in all dem, was wir über die Natur wissen. Die Schönheit zum Beispiel im periodischen System, in den Zahlenverhältnissen der Pflanzen und der Symmetrie der Tiere. Zugleich aber das Entsetzen über all das, was wir auch wissen. Über die Verderbnis der Schönheit, ihren Verfall ins Unbeherrschbare und Zerstörende.

Und in diese Ausgesetztheit gestellt: dieser ganze Wirrwarr von Geschöpfen, Menschen inbegriffen. Warum sind wir hier? Mitten in all das Nicht-Menschliche gestellt, das bloß da ist. Jenseits von Gut und Böse.

(Die Gesellschaft) Das Staunen wiederholt. Das Bild einer der Großstädte der Welt, gesehen, wenn das Flugzeug durch die Luft hinuntergeglitten kommt und zur Landung ansetzt: die Stadt als eine Wiederholung der Muster der Natur, ein pulsierender Organismus, dessen Stoffwechsel zwischen Ordnung und Unordnung in Gang gehalten wird von der rastlosesten Art Gesellschaftserbauer der Natur – nämlich von uns, den Menschen, die genauso wie beispielsweise die Ameisen alle möglichen Materialien der Welt herumschieben, die anscheinend aber, anders als die Ameisen mit ihrem genügsamen Verbrauch, mehr und mehr von der großzügigen Welt der Natur zu einer exklusiven Menschenwelt verwandeln.

In dieser Menschenwelt hinterlassen wir nicht Duftspuren, um das gemeinsame Miteinander zu regulieren. Wir betrachten die Dinge in der Hoffnung, daß die Dinge uns betrachten werden.

Wir sind ein Teil der Natur, sind zugleich aber jener besondere Teil der Natur, der die Natur betrachten und damit uns selbst betrachten kann.

Diese Doppelheit – daß wir zum Beispiel nicht bloß böse und gut sind, sondern auch sehen können, daß wir böse und gut sind – ist natürlich etwas Besonderes, sie wäre aber nicht besonders viel wert, wenn sie nicht verbunden wäre mit Staunen, Wiedererkennen, Hoffnung, Mitgefühl, Liebe, Vergebung, mit all dem Menschlichen in uns.

In diesem Menschlichen können wir uns nicht damit begnügen, die Dinge ihren Gang gehen zu lassen und abwechselnd entweder böse oder gut oder beides zugleich zu sein – und dann anzunehmen, daß die Rechnung im günstigsten Fall aufgeht.

Gerade weil wir sehen können, daß die Naturkräfte (auch in uns) jenseits von Gut und Böse sind – weil die Natur immer nur das Mögliche tut –, müssen wir das Unmögliche tun, nicht das Böse abschaffen, da wir nicht einen Teil unserer eigenen Natur abschaffen können, sondern das Gute lieben. Lieben.

Deshalb können wir auch nicht bloß Freiheit, Gleichheit und Brüderlichkeit rufen und dann glauben, das Böse sei abgeschafft.

Freiheit und Gebundenheit, Gleichheit und Verschiedenheit, Brüderlichkeit und Einsamkeit sind Seiten derselben Menschlichkeit.

Die Menschlichkeit ist ein Prozeß, ein unaufhörliches Sichverhalten. Wir sollen so frei, aber so gebunden sein wie möglich. Wir sollen so gleichartig, so gleich, aber so verschieden sein wie möglich. Wir sollen so allein, so einzigartig, aber so gemeinsam sein wie möglich.

Die Armut, die anscheinend die Schlagworte des Sozialismus in ihrer Einseitigkeit nötig machte, ist in Wohlstand verwandelt, aber einen Wohlstand in Gewöhnlichkeit und also nicht für alle, deshalb auch einen Wohlstand, der enthüllt, daß Freiheit, Gleichheit und Brüderlichkeit nur die eine Seite der Glücksmedaille sind. Die andere Seite, die Gebundenheit, auch an unseren Platz in der Natur, die Verschiedenheit, die Vielfalt, wie wir sie in der Natur sehen können, und das einzigartige einzelne Leben, das wir der Natur entleihen – diese andere Seite soll ja gewährleisten, daß wir nicht Freiheit mit Begierde, Gleichheit mit Neid und Brüderlichkeit mit gesetzlicher Überwachung verwechseln.

Wir haben ja eine Neigung dazu, es darauf ankommen zu lassen. Klappt es, dann klappt es. Wenn wir es nur gemeinsam tun und paritätisch teilen, dann können wir freiweg an uns raffen und bloß dadurch, daß wir sie Rohstoffe nennen, die Stoffe der Erde in eine von Menschen geschaffene Welt umsetzen. Das aber wird ja eine Welt mit einer ganz anderen Armut werden. Eine gnadenlose Welt.

(Die Menschen) Was ist dann die Gnade in der Welt? Besteht eine Verbindung zwischen dem Staunen und der Vergebung? Wir können sehen, hören, riechen, schmecken, fühlen. Wir können uns bewegen, essen, schlafen, uns fortpflanzen. Und wir können sprechen, träumen, spielen, arbeiten. Können wir aber auch, dadurch, daß wir dieses Mysterium der Realitäten aneinander wiedererkennen, vergeben, und kann uns vergeben werden?

Kann die Erde uns vergeben? Die Erde, die mit ihrem günstigen Verhältnis zur Sonne Jahrmillionen darauf verwendet hat, eine Naturgrundlage hervorzubringen, auf der wir, eines ganz zufälligen Tages in der Zeit des Universums, entstehen konnten. Aber kaum sind wir einige Jahrtausende hiergewesen, bringen wir diese Naturgrundlage schon in Gefahr. Das bestehende Gleichgewicht, mit Schöpfung und Zersetzung als eines des anderen Seite, verschieben wir. In die ganze nichtmenschliche Welt, jenseits von Gut und Böse, deren wir uns bedienen und gegen die wir uns ebensosehr beschützen müssen, greifen wir ein, verwandeln sie, komponieren sie um (auch in biologischer Hinsicht), so daß sie nachgerade eine so sehr von Menschen geschaffene Welt ist, daß sie nicht mehr jenseits von Gut und Böse ist. Sie wird zu einem Nicht-Mysterium, wo der Übergang vom Zersetzten zum Wiedergeschaffenen schon fast nicht wieder herstellbar aussieht, wie in Tschernobyl.

Können die Menschen, die dort leben – oder richtiger: jetzt überall anders leben müssen als dort –, vergeben. Können die Menschen, die in den armen Ländern leben, vergeben. Können wir uns selbst vergeben? Die Vergebung zu erlangen, ist, glaube ich, nichts, woran man arbeiten kann. Aber ich glaube, daß die Arbeit in sich selbst die Vergebung mit sich bringen kann. Nicht die Arbeit um des Geldes willen. Aber die Arbeit um des gemeinsamen Überlebens willen und damit auch die Arbeit um der Arbeit willen. Nicht die Arbeit, mit der man Macht über die Dinge und das Dasein und die Welt anstrebt, sondern die Arbeit als ein Teil des Schaffensprozesses, in den die Arbeit Einblick gibt. Und keine Arbeit gibt diesen Einblick nicht, ganz gleich, ob es Reinemachen, Produktion, Service, Kunst, Renovieren, Pflege oder was immer ist. Grade von Spiel – das immer tief ernst ist, wenn wir in den Dingen aufgehen.

(Ich) Ich sitze noch immer hier und schreibe (die Sprache). Ich schreibe über die Dinge um mich her und bekomme Geld dafür (die Arbeit). Darüber, was die Dinge mich über meine Anschauung der Dinge gelehrt haben, meine Lebensanschauung (die Gefühle). »Ich« kann etwas in den Hintergrund zurücktreten. Ich kann all das Zufällige, das Persönliche, das Macht über die Dinge haben will, sich etwas in mich zurückziehen lassen, so daß die Dinge zu ihrem Recht kommen können. Die Liebe. Ich kann so tun, als könnte das, was ich betrachte, mich betrachten. Ich kann das Menschliche dadurch untersuchen, daß ich es in meiner Art und Weise, die Dinge zu untersuchen, enthülle. Die Poesie.

Der Geheimniszustand

Was man spürt, wenn man ein Gedicht liest, sind die Bewegungen des Gemüts. Nicht nur das Gemüt des Dichters und nicht nur das eigene, sondern beide im Gedicht vermischt, als wäre das Gedicht das Neutrum des Gemüts.

Während man liest, kann man fühlen, daß die Sprache allzu leicht ist, aber wenn das Gedicht gut ist, werden auch die schwersten Themen in dieser Leichtigkeit verborgen sein; vielleicht weil das einzelne Wort so sehr mit Energie geladen ist, daß es Millionen von Erlebnisweisen enthält.

Dieselben Millionen von Erlebnisweisen können benutzt werden, wenn man ein Gedicht schreibt. Alle sind in allen enthalten.

Aber nur, wenn das Gedicht das ist, was wir schön nennen, nur dann enthält es alle diese möglichen Erlebnisweisen; ein Gedicht, das allzu gewöhnlich ist, enthält nichts anderes als die eigene Erlebnisweise des Dichters; auch wenn sie nicht sehr gewöhnlich sein kann.

Wenn das Gedicht gut ist, haben die Worte so viel Energie, daß auch die schwersten Themen schweben können; wenn das Gedicht schlecht ist, beschwert es nicht nur alles, was der Leser hineinzulegen versucht, sondern auch sich selbst.

Es gibt keine sicheren Methoden dafür zu entscheiden, ob ein Gedicht schön oder banal, gut oder schlecht ist. Das Beste, was man in der Praxis tun kann, ist, die Mengen von Gedichten zu lesen, die von anderen geschrieben sind; aber auch wirklich die Gedichte zu lesen, die man selber schreibt, d. h., sie die ganze Zeit, während man sie schreibt, umzuschreiben, bis sie zuletzt irgendein Licht zurückwerfen, irgendeine Einsicht, so als wären sie von anderen, von einem anderen geschrieben.

Es ist vielleicht nicht so schwer, ein gutes Gedicht zu erkennen, wenn es erst einmal da ist. Aber wie kommt man ihm auf die Spur, bevor es da ist?

Wie bekommt man vage Gedanken und Vorstellungen dazu, sich mit der Wirklichkeit zu verbinden, die sie hervorrufen soll, damit nicht bloß die Gedanken zum Ausdruck kommen, sondern auch die Wirklichkeit selber? Und wie bekommt man Form und Inhalt dazu, in- und miteinander zu leben und heranzuwachsen, wie es z. B. mit dem Wachsen der Pflanzen in der Natur der Fall ist?

All das kann man studieren und sich anlesen und kann darüber theoretische Bücher schreiben, und es ist alles von Nutzen, aber nur von der Form von Nutzen, die ganz in Vergessenheit hinabsinken muß, bevor sie zeigen kann, von welchem Nutzen sie ist. Denn Gedichte schreiben, das heißt doch immer auf nacktem Boden stehen und von vorne anfangen und jedesmal das einzelne Gedicht so schreiben, als wäre es das erste Gedicht in der Welt.

Aber eben auch nur so, als wäre es das erste. Das Beste, aber Unmögliche wäre, wenn man all die Gedichte, die geschrieben sind, lesen und sich an sie erinnern könnte, um sie im entscheidenden Augenblick zu vergessen. Auf dieselbe Weise vergessen wie seinerzeit, als man in der Schule schreiben lernte und plötzlich eines Tages die Bewegungen der Hand wie auch des Bleistifts vergessen hatte und *selber* schreiben konnte, von innen. Wenn man darüber nachdenkt, etwas von einem Mysterium.

Gedichte zu schreiben, ist genausoviel von einem Mysterium. Nicht, weil daran etwas Mystisches oder Feierliches ist. Oder etwas Religiöses. Es ist sozusagen ein neutrales Mysterium, ist vorgegeben, weil man in der Dichtung gezwungen ist, die Sprache in ihrer ganzen Verbundenheit mit der Wirklichkeit zu benutzen. Diese Verbundenheit, *sie* ist ein Mysterium. Sie ist es, worein die Poesie eintreten muß.

Sie kann nicht wie unsere logisch-praktische Sprache von

Teilen der Wirklichkeit absehen und zu Bedingungen, die wir vorher abgesprochen haben, so tun, als wäre es menschenmöglich, die Wahrheit über die Welt zu sagen.

Vielleicht kann die Poesie gar keine Wahrheiten sagen; aber sie kann wahr sein, weil die Wirklichkeit, die mit den Worten folgt, wahr ist. Diese geheimnisvolle Gefolgschaft zwischen Sprache und Wirklichkeit ist die Erkenntnisweise der Poesie. Ein Mysterium, das sehr wohl der Geheimniszustand sein könnte, von dem Novalis spricht, wenn er sagt: »Das Äußre ist ein in Geheimnißzustand erhobnes Innre.«

Seinen eigenen Zugang zu diesem Geheimniszustand zu finden, ist schwierig. Man würde natürlich davon träumen, sagen zu können, daß es sich mit derselben Leichtigkeit machen ließe, mit der eine Pflanze Blätter und Blüten treibt. So daß das Gedicht aus dem inneren Himmel des Samenkorns in seiner ganzen äußeren Entfaltung emporgehoben würde wie genau diese Pflanze, genau dieses Gedicht.

In diesem Geheimniszustand steht der Dichter mitten in einem Universum, das gar keine Mitte hat. Wenn man das Innere zum Äußeren hinaufheben will, muß man mit dem Äußeren anfangen, außen anfangen in all dem Sichtbaren, das durch das ganze Leben hindurch, das man gelebt hat, in seinen entsprechenden Formen von Sichtbarkeit im Inneren versteckt und vergessen worden ist. Was was wecken soll, das Innere oder das Äußere, das ist ungewiß, sicher aber ist, daß uns, weil wir die gegenseitige Verbundenheit der Dinge von Kindesbeinen an kennen, zuallererst der Zufall zu Hilfe kommen wird; vielleicht in Gestalt des Frühjahrsregens oder des Herbststurms, der hellen Nächte des Sommers oder des Rauhreifs im Winter, Phänomene, die wie jedes beliebige zufällige Phänomen das Innere dermaßen in Bewegung setzen können, daß Sporenfäden von Gedanken gebildet werden, die hinausreichen und versuchen, Wort und Phänomen dazu zu bekommen, daß sie zusammenhängen.

Bevor man sich ans Papier setzt, um vielleicht, vielleicht

nicht ein Gedicht zu schreiben, und später, wenn man stundenlang dasitzt, beidemal ist es so: als hätte man sich verirrt. Die Welt, die einen Augenblick davor beim Morgenkaffee recht überschaubar und alltagsartig war, ist plötzlich wieder allzu groß geworden, und obwohl das Bewußtsein in alle Richtungen wandert und seine kleinen Sprachfetzen mitbringt, kann es nicht genau den Stein, die Pflanze, das Ereignis, vielleicht die Unbegreiflichkeit finden, von der aus es mit Hilfe von Worten zur Welt zurückfinden kann.

Zwischendurch hilft es, den Blick abwesend zu machen und bloß auf Klang und Rhythmus der Worte zu lauschen, sich voranzutasten und so lange auf diese Musik zu lauschen, bis man schließlich weiß, daß die Musik eine Bedeutung hat, sie muß nur hervorgelockt werden; so daß die Worte nicht sich selbst in ihrem eigenen Wohllaut überlassen werden, sondern durch dieses beharrliche Lauschen, diese Gewichtung aus Fülle, Geschwindigkeit und Farbe durch die aufgesperrten Augen am Ende zu der Begegnung mit dem Frühjahrsregen oder dem Rauhreif oder womit sonst gebracht werden und anfangen können, neue Worte und gesehene oder ungesehene Dinge einzusammeln.

So ist es am Anfang; große Unruhe und Verwirrung, aber auch eine Geduld in der Angst vor dem Sprung, weil man weiß, daß andere vorher hineingesprungen sind. Zuinnerst weiß man, daß der Anfang eine Brücke ist, die vorher schon gebaut ist, aber erst, wenn man in den leeren Raum hinausgeht, kann man die Brücke unter den Füßen spüren.

Die Angst davor, in die Leere hinauszutreten, ist verständlich. Zwar gibt es in der Geschichte der Poesie Karten aller Arten von Landschaften, wo alle möglichen Brücken eingezeichnet sind, aber im selben Augenblick, wo der erste Schritt getan werden muß, zeigt sich, daß die einzelne Landschaft sich wegbewegt, die Brücke sich wegbewegt hat, zusammen oder jede für sich haben sie sich wegbewegt, und die Karte, die sonst ebenso zuverlässig wirkte wie ein Resümee der Weltliteratur, erscheint jetzt nur als eine Möglichkeit oder bloß ein Vorschlag, wie jede beliebige Landschaft eventuell aussehen könnte an dem Tag, da man hingelangt. Man hat sich also wirklich auf eine besondere Weise verirrt. Man muß nämlich einen Weg durch die Landschaft finden, wenn man die Karte zeichnen können will, aber zugleich muß man die Karte zeichnen, wenn man einen Weg durch die Landschaft finden können will.

Hier, indem man versteht, daß die Brücke gebaut werden muß, indem man sich bewegt, hier muß man seine Worte mit Bedacht wählen. Und Bedacht bedeutet nicht notwendigerweise Vorsicht, es kann auch Mut und Entschlossenheit, Klarsicht und Großherzigkeit bedeuten. Man kann sich vorschleichen oder um sein Leben springen und in beiden Fällen merken, daß Boden unter den Füßen ist. Man kann kriechen und klettern, tanzen und schweben oder sich selbst dazu überlisten, ganz gewöhnlich zu gehen. So oder so ist das einzige, das etwas bedeutet, ob man seine Worte mit solchem Bedacht wählt, daß die Phänomene den Worten entgegenkommen, damit die Brücke weiterhin betreten werden und der leere Raum zu Landschaft gefüllt werden kann.

Mit Bedacht wählen heißt nicht nur, zwischen allen zufälligen Worten wählen. Man muß genau das zufällige Wort wählen, das notwendig gemacht werden kann. Ein Wort notwendig machen heißt Wort und Phänomen verketten oder verschmelzen. Nicht so, daß die Zufälligkeit aufgehoben wird, denn auch nach der Wahl bleibt das Wort genauso zufällig wie vorher. Aber in all seiner Zufälligkeit ist es mit dem Phänomen zusammen in den Geheimniszustand versetzt, wo die innere und die äußere Welt sich zusammen befinden, als wären sie nie voneinander getrennt gewesen.

Wenn in diesem Geheimniszustand die ersten Stationen errichtet sind, nimmt das Gedicht allmählich Form an, die Landschaft weitet sich, und Bilder halten allmählich von selbst Wort und Phänomen zusammen. Wo vorher nichts war, ist jetzt etwas; und zudem etwas, das weiterhilft, weil all die verstreuten Vorposten, die in der Landschaft errichtet sind, allmählich Rückmeldung geben, all die kleinen Enklaven aus zusammenfallendem sprachlich Empfundenen, die jetzt als Realitäten auftreten, alles, was in den Geheimniszustand getreten ist, gibt jetzt Rückmeldung und zeigt unmittelbar nicht bloß, wie geschrieben werden muß, sondern in erster Linie, warum und was geschrieben werden kann, worüber die ganze Zeit zu schreiben beabsichtigt war, obwohl man unterwegs geglaubt oder vielleicht geradezu gehofft hat, daß es etwas ganz anderes war.

Viele Dichter haben im Laufe der Zeit versucht, dieses Unhandgreifliche zu beschreiben, und ihre Äußerungen kreisen fast immer um etwas, das sich zu dem Erlebnis eindampfen läßt, daß die Worte plötzlich übernehmen oder daß das Gedicht sich selbst schreibt oder dergleichen.

Jedenfalls sitzt man nicht mehr da und starrt entweder z. B. auf das Wort »Wolkendecke« oder auf die tatsächliche Wolkendecke am Himmel draußen, während man überlegt, ob es im Gedicht mit dabei sein soll oder nicht. Das ist längst entschieden.

Auf dieselbe Weise ist entschieden, ganz gleich, ob das Wort »Wolkendecke« mit dabei ist oder nicht, ob es wirklich das ist, worüber geschrieben wird. Denn im selben Augenblick, da die Worte übernehmen, bestimmen die Bilder, Vergleiche, Relationen des Gedichts, ob ein Wort genannt sein soll oder nicht, damit das, worüber geschrieben wird, genau dieses Wort ist.

Ja, in diesem glücklichen Augenblick, wo alle Entscheidungen dadurch getroffen werden, daß und indem das Gedicht sich selbst schreibt, ist vielleicht geradezu entschieden, daß das, worüber geschrieben wird, etwas ist, das man nicht genannt hat, etwas, das sich bis jetzt im Gedicht versteckt gehalten hat, um zuletzt das Bewußtsein mit etwas Wichtigem hervorzulocken, Krieg, Frieden, Glück, Tod oder dergleichen, alles Zeichen dafür, daß all die großen Worte ihren sehr unzugänglichen Geheimniszustand haben, gerade der Krieg z. B.: jahrelang, bevor das Schreiben darüber losging, hatte man das Gefühl und die Gewohnheit entwickelt zu denken, über ihn zu schreiben, sei für immer unmöglich, jedenfalls unmöglich in einem Gedicht.

Wenn ich mich dafür entschieden habe, über diesen Geheimniszustand von einer poetischen Praxis aus zu sprechen, dann bestimmt nicht deshalb, weil ich sagen will, daß er etwas Besonderes für die Poesie ist.

Die Poesie ist nur *eine* der vielen Erkenntnisformen des Menschen, und durch sie alle verläuft dieselbe Scheidelinie, ob es sich nun um Philosophie, Mathematik oder Naturwissenschaft handelt.

Eine Scheidelinie zwischen denen, die glauben, der Mensch mit seiner Sprache stehe außerhalb der Welt, und denen, die erleben, daß ein Mensch mit Sprache ein Teil der Welt ist; und daß es deshalb notwendig wird zu verstehen, daß, indem ein Mensch sich ausdrückt, auch die Welt sich ausdrückt.

Vermutlich hören wir alle täglich, es sei ein Ausdruck für den Zustand des Erdballs, wie die Regenwälder leben und atmen. Aber warum sollte es nicht, auf dieselbe Weise, ein Ausdruck für den Zustand des Erdballs sein, wie wir als Menschen leben und atmen und uns ausdrücken, z. B. über den Zustand der Regenwälder.

Wir müssen wissen, daß wir nicht hinauskommen können. Wir können so tun, als ob. Aber dies, daß wir tun können, als ob, ist noch immer ein Teil davon, daß wir nicht hinauskommen können. Wir können nicht außerhalb der Erkenntnis erkennen.

Kriege, auch Ideologiekriege, können nur geführt werden, weil Leute glauben, es sei möglich, hinauszutreten und eine bestimmte Wirklichkeit abzugrenzen.

Ab und zu wünsche ich mir eine Wettervorhersage für die Bewegungen von Menschen, für die Gemütsbewegung, die uns dazu bringt, Mauern zu stürzen, den Hunger, der uns dazu bringt, wie entlaubte Bäume durch Wüstensand zu wandern, das weißhemdige Schwärmen, das uns dazu bringt, uns wie Insekten an der Börse zu drängen – ich verstehe nicht, warum die Höhen der Erkenntnis mir nicht diese Wettervorhersage gebracht haben, die all diese menschlichen Hochdruckgebiete, Tiefdruckgebiete, Zyklone als Teile vom augenblicklichen Zustand des Erdballs erklärt.

Um so weniger, als ich von Meteorologen wie auch anderen Wissenschaftlern, die ich kennengelernt habe, weiß, daß sie den Geheimniszustand kennen. Sie sagen vielleicht nicht, daß die Worte plötzlich übernehmen, aber sie sagen, daß das Problem sich plötzlich selbst löst; sie sagen nicht, daß das Gedicht sich selbst schreibt, nein, sie sagen geradezu, daß die Dinge *selbst*redend sind.

Jahrelang rackern sie sich ab, damit Bewußtsein und Vision zusammenhängen, und traben ruhelos in diversen Universitätsparks herum, bis die Welt sich plötzlich in sie einschreibt und die Trennung zwischen Welt und Mensch ausgelöscht ist, so daß die Welt sich selbst durch das Bewußtsein des Menschen schreiben kann.

Das läßt sich nur machen, weil wir an die Formen der Natur gebunden sind, dadurch, daß wir selber eine ihrer vielfältigen Formen sind.

Deshalb ist es auch nicht Poeten, Wissenschaftlern oder anderen Bearbeitern des Verhältnisses zwischen Bewußtsein und Welt vorbehalten, Zusammenhänge und Relationen zwischen Dingen in aller Welt zu erkennen.

Diese Erkenntnis liegt bereits in der Welt. In all den Vergleichen, aus denen die Welt in sich besteht. Zum Beispiel ist es undenkbar, daß die Welt ganz darum herumgekommen wäre, zu irgendeinem Zeitpunkt zu sagen: der Apfel ist rund, wie die Sonne rund ist, oder unzählige ähnliche Dinge.

Das ganze Relationsnetz zwischen allen existierenden Phänomenen, die unsere Welt ausmachen, muß uns zu einem immer raffinierteren Verständnis dafür führen, daß unsere Kulturformen, all die menschengeschaffenen Ausdrucksformen, darunter die vielfältigen Formen der Poesie, zwar als etwas in sich betrachtet werden können, vor allem aber die Formen der Natur sind.

Deshalb appelliere ich an das Gefühl, von einer unfaßbar großen, bereits existierenden Gefühlsgrundlage getragen zu sein. Insbesondere daran, daß man als Dichter lernen muß, die Präpositionen zu lieben, weil nämlich *sie*, fast unbillig unsichtbar, wie sie sind, das Bewußtsein in derselben Art von Bewegung halten wie die Welt.

Es wird also unnötig, sich unbedingt selbst zu realisieren, als Dichter zum Beispiel, nur um zu spüren, daß etwas in der Welt zugegen ist, statt sich selbst zu entrealisieren, weil alles in der Welt bereits zugegen ist. Deshalb ist in dem Ganzen auch eine Art Trost. Wenn wir außerhalb der Welt gesetzt sind, dann deshalb, weil wir uns selbst außerhalb gesetzt haben. Wir glauben soviel. Man soll aber nicht soviel glauben. Man soll wissen. Daß man sich bereits in dem Geheimniszustand befindet, den man sucht.

Alles Wörter

»Das Wort schafft, was es nennt« (N. F. S. Grundtvig). Wie aber soll es verstanden werden, daß ein Wort, indem es etwas nennt, dieses Etwas schafft? Kann ich etwa allein dadurch, daß ich das Wort »Rose« nenne, sogleich irgendwo eine Rose registrieren? Nein, natürlich kann ich nicht »Rose« sagen, und sogleich, Hokuspokus, entsteht eine Rose in der sichtbaren Welt. Dergleichen kommt nur in der Welt des Märchens vor, wo die Dinge umgehend geschehen, sobald das richtige Wort genannt wird: Hokuspokus, und die Rosenhecke blüht, Sesam, öffne dich! und die Berge tun sich auf, Tischlein, deck dich! und die Leibgerichte der ganzen Welt stehen bereit, »Und Gott sprach: Es werde Licht. Und es ward Licht.«

Aber, wie gesagt, nur in der Welt des Märchens geht all das vor sich – in der Welt der Phantasie, unserer ganzen Gedanken- und Vorstellungswelt. Dafür aber schafft in dieser inneren Welt das Wort, was es nennt.

In dieser Vorstellungswelt kann ich »Rose« sagen, und wenn ich die Augen schließe, wird vor meinem inneren Blick eine Rose entstehen, vielleicht nicht ganz so sichtbar, wie wenn sie in einem Garten stünde, aber sichtbar, und wenn ich wieder die Augen öffne und »Rose« sage, wie ich es tue, während ich dasitze und diesen Vortrag schreibe, wird in meiner Erinnerung eine Rose nach der anderen, eine ganze Rosenwelt entstehen, die erste Rose, die ich von einem Freund geschenkt bekam, der Rosenstrauß, als mein Sohn geboren wurde, eine Rose auf einem Sarg einmal, das große Rosenfenster in der Sainte-Chapelle von Paris und der Rosenkatalog, den ich benutzte, als ich den Roman *Azorno* schrieb, all diese Rosennamen: »Rosa hugonis, Rosa pimpinellifolia, Blaze Superior, Virgo und Rosa rugosa, Rosa rubiginosa, Rosa ›Nevada‹. Diese ständigen Zerstörungen« – und bald würden all diese Wörter dermaßen dabei sein, zu schaffen, was sie nennen, daß ich mich versucht fühlen würde, das Schreiben von Vorträgen von mir zu werfen und eine lange Reihe von Rosengedichten zu schreiben.

Indem ich der Versuchung widerstehe, den Vortrag beiseite zu legen, fällt mir ein, daß ich gar nicht die Absicht hatte, so anzufangen, wie er jetzt angefangen hat, denn eigentlich wollte ich anfangen mit »Im Anfang war das Wort, und das Wort war bei Gott, und Gott war das Wort« – aber jetzt ist es zu spät. Und vielleicht ist es sehr gut, daß es zu spät ist.

Denn ich spüre, wie der Anfang, den ich nun einmal gemacht habe, bereits dabei ist, seine Spuren in den kommenden Verlauf des Vortrags hinauszulegen – Spuren, die, indem ich erst so spät wie jetzt das Johannes-Zitat hineinsetze, dieses Zitat verändern und mir erlauben, den Evangelisten Johannes den Theologen zu überlassen und den Dichter Johannes hervorzuheben.

Seine kühnen Einleitungsverse, wonach das Wort Gott war, als Begründung eben dafür hervorzuheben, daß das Wort schafft, was es nennt, und sie in erster Linie als Einleitung zu einer Geschichte darüber zu interpretieren, was Schöpfung ist, und erst danach zu einer Geschichte darüber, wie die Erde geschaffen wurde.

So betrachtet, geht es um das Vertrauen von Menschen zum Wort als solchem, zu der ihm innewohnenden Magie, seiner autogenen Fähigkeit, eine Vorstellungswelt als solche zu schaffen. All das wußte der Dichter Johannes, als er seinen Anfang schrieb, und insonderheit wußte er, daß es alles Wörter sind. Woher aber kommen die Wörter?

Wie es jetzt ist, wo die Welt so lange existiert hat, kommen die Wörter überallher, und nie sind sie zum erstenmal da. Damit nicht genug, es sind vielleicht nicht unendlich viele von ihnen da und auch keine unendliche Anzahl von Kombinationen, dennoch aber existiert eine unerschöpfliche Landschaft von Wörtern, die der einzelne niemals ganz wird durchwandern können. Hier, in der Vorstellung von dieser rätselhaften Wortlandschaft, hier endet es und fängt es an, wenn man Gedichte schreiben soll. Denn Gedichte bringt man ausschließlich aus Wörtern hervor.

Warum und wie sie hervorgebracht werden, ist freilich eine weitaus kompliziertere Angelegenheit. Aber wie der Maler seine Farben hat, der Komponist seine Töne und der Mathematiker seine Zahlen und Formeln, die im Prinzip etwas sind, das alle Menschen haben, so hat der Dichter seine Wörter, die obendrein auch in der Praxis etwas sind, das alle Menschen haben.

Warum aber schreiben dann nicht alle Menschen Gedichte? Wenn wir tatsächlich alle im Besitz hinreichend vieler Wörter oder geradezu eines wahren Überflusses an Wörtern sind.

Daß wir nicht malen, kann man ja verstehen, denn Farben sind teuer, und damit in einer Zweizimmerwohnung herumzustehen, gibt ein Durcheinander, und ebenso verstehen, daß wir nicht komponieren, denn auch Musikinstrumente sind kostspielig, und keinem von uns wird schon im Kindergarten beigebracht, Noten zu schreiben, und später wird die Mathematik zu schwer, u. a. weil die Schulen selber sie schwer und exotisch machen – aber die Wörter, die verstehen wir alle, und wir haben sie überall bei uns, also brauchen wir zum Hervorbringen von Gedichten eigentlich nur etwas Papier und irgend etwas zum Schreiben, ja nicht einmal das, denn ich stelle mir vor, wenn ich in irgendeinem Gefängnis säße oder auf andere Weise keinen Zugang zu Papier hätte, daß ich dann versuchen würde, meine Gedichte in Gedanken zu schreiben, und mich täglich darin üben würde, mich an sie zu erinnern, eventuell dadurch, daß ich sie laut den nächsten Kakerlaken vormurmelte.

Hier spitzt sich die Frage vielleicht zu. Denn kann man überhaupt lernen, Gedichte zu schreiben, so daß man es auch wichtig fände, sie laut einem Kakerlaken vorzulesen? Kann man sich überhaupt auf diese äußerste Situation vorbereiten? Die auch eine privilegierte, aber psychologisch sehr ausgesetzte Situation sein kann. So schreibt Rilke:

> »Ausgesetzt auf den Bergen des Herzens. Siehe, wie klein dort,
> siehe: die letzte Ortschaft der Worte, und höher,
> aber wie klein auch, noch ein letztes
> Gehöft von Gefühl. Erkennst du's?«

Man kann dann fragen, ob sich lernen läßt, »ausgesetzt auf den Bergen des Herzens« zu sein. Ist es nicht einfach etwas, das man ist, etwas Angeborenes, ein Schicksal, das man auf sich nimmt, weil man nichts anderes kann, oder weil nichts anderes da ist, was man kann?

Kann man lernen, ein Schicksal zu bekommen, oder ist Schicksal etwas, das zu haben man lernt, weil man es bekommt?

Das erfordert vielleicht nicht so sehr eine Untersuchung des Wortes »Schicksal«, all des Geschaffenen oder Selbstgeschaffenen im Leben, als vielmehr eine Untersuchung dessen, was es heißt zu lernen.

Lehren und lernen haben dieselbe Wurzel in dem gotischen *laisjan*, eigentlich »durch Nachspüren wissend machen«, weiter zu gotisch *lais*, »ich weiß, habe erwandert, erfahren«, und knüpft sich auch an den Stamm des Wortes »leisten«, das mit seiner Grundbedeutung, »einer Spur nachgehen«, dicht an unser Hauptthema hier herankommt: daß nämlich die Sprache durch ihre Existenz u. a. dem Dichter eine Reihe von Spuren anbietet, die dadurch, daß man ihnen folgt, zu Wirklichkeit werden.

Es ist sehr schwer, gerade in Wörtern zu erklären, wie die Wörter dadurch, daß sie diesen imaginären Spuren folgen, in einem Gedicht, während es geschrieben wird, an ihren Platz finden. Und vielleicht ist es nicht viel leichter zu beschreiben, was diese Wortplätze in einem Gedicht bedeuten.

Aber hier kann ich vielleicht Hilfe holen, weil ich kürzlich Bruce Chatwins Buch *The Songlines* gelesen habe. Auf deutsch heißt es *Traumpfade*, ein Titel, für den es im Text vollauf Belege gibt.

Bruce Chatwin berichtet »von dem Labyrinth unsichtbarer Wege, die sich durch ganz Australien ziehen und die Europäern als ›Traumpfade‹ oder ›Songlines‹ und den Aborigines als ›Fußspuren der Ahnen‹ oder ›Weg des Gesetzes‹ bekannt sind.

Schöpfungsmythen der Aborigines berichten von den legendären totemistischen Wesen, die einst in der Traumzeit über den Kontinent wanderten und singend alles benannten, was ihre Wege kreuzte – Vögel, Tiere, Pflanzen, Felsen, Wasserlöcher –, und so die Welt ins Dasein sangen.«

Die australischen Aborigines glauben also, sie müßten wieder und wieder die Welt mit ihrem Gesang erschaffen, sonst existiert sie nicht, »ein ungesungenes Land (ist) ein totes Land (…) wenn die Lieder vergessen sind, wird das Land selbst sterben« – und damit natürlich die Menschen. Deshalb müssen sie jahraus, jahrein auf denselben Spuren wandern und bald einen Stein, bald einen Baum, eine Wasserscheide, eine Wüstenpflanze besingen, nicht weil diese Phänomene existieren, sondern damit sie direkt entstehen, weil sie sozusagen laufend in Existenz gebracht werden und Erinnerung anhäufen müssen. Für mich ein sehr handgreifliches Beispiel dafür, daß das Wort schafft, was es nennt.

Deshalb fällt es mir auch nicht sonderlich schwer, diese avancierte australische Strategie zu vergleichen mit einer modernen oder vielleicht ewigen Art und Weise, Gedichte zu schreiben.

Man kann sagen: leider oder zum Glück muß ich nicht durch die australische Wüste wandern und mit meinen Wörtern alle Dinge in der Welt besingen oder beschwören, damit sie ans Tageslicht kommen oder geradezu in Existenz treten, wie Kierkegaard sagen würde. Dennoch hat man als Dichter eine Art australischer Wüste vor sich, nämlich das weiße Papier und in dem weißen Papier unten die unsichtbaren Traumpfade, die Schrift der Vorgänger, und in der Hand ein Schreibgerät, das sehr lange zögert, denn wenn die Liedzeilen der Steinzeitleute in das Geschriebene einbezogen werden sollen, dann erfordert das, daß ich nicht bloß diesem zufälligen Jetzt lausche, sondern auch all der Zeit, die vergangen ist, auch für so viele andere außer mir, so als wäre sie ein sehr großer Raum mit allen möglichen Spuren geworden.

Das ist die klassische Situation des Dichters. Die stundenlange, vielleicht tagelange Konfrontation mit dem weißen Papier und mit dem Bewußtsein, daß im Anfang das Wort war, aber welches Wort – das Wort, das gleich anfangen wird, nichts in alles mögliche zu verwandeln.

Denn im Anfang steht nichts auf dem weißen Papier, kein einziges Wort.

Aber schon nach etwa einem Dutzend Wörter, während noch immer fast nichts dasteht, ist das weiße Papier ganz verwandelt, so daß, was erst ein ganz gewöhnliches Stück Papier war, aus dem man leicht ein Papierflugzeug machen konnte, jetzt als ein Stück Papier erscheint, das sich langsam, aber sicher mit Wörtern bedeckt, nicht nur, weil man nicht am Anfang schreiben kann, daß nichts auf dem Papier steht, ohne daß zugleich dasteht, daß nichts dasteht, sondern auch, weil man damit zugleich schreibt, daß man erwartet, es werde sich bald anders verhalten, die Wörter würden bald das Papier füllen, was sie dann allmählich auch tun, und zwar derart, daß das Papier, nachdem es ein Stück Papier war, auf dem nichts stand, in sich selbst zu einem Bilde dieses Nichts wird, das nirgends stand, das aber jetzt zwischen den Zeilen und in den Zwischenräumen zwischen den Wörtern steht.

So kann man das Papier als ein Bild des großen Nichts betrachten, in dem alles ungeschaffen daliegt. Nicht, weil es nicht vorhanden ist, sondern nur, weil es, versteckt und vergessen und unbegrenzt möglich, wie es ist, erst mit Hilfe von Wörtern hervorgeholt werden kann.

Indem die Wörter solchermaßen dazu gebracht werden, ihre eigene erdichtete Welt auf dem Papier zu errichten, wird das Weiße zwischen den Wörtern nicht nur weiß bleiben, sondern auch, weil die Wörter zwischen unzähligen möglichen ausgewählt sind, noch mehr als der notwendige Hintergrund oder Abgrund des Nichts hervortreten, gegen das die Zufälligkeit der Wörter sich abzeichnet.

Ich habe selber, auf eine sehr aufwühlende Weise, erlebt, wie es ist, diesem Nichts gegenüberzusitzen und nicht aus noch ein zu wissen. Ohne auch nur eine einzige Spur, der ich hätte nachgehen können. Ein Zustand, wo alle Wörter der Welt und alle Phänomene der Welt untereinander und voneinander total isoliert waren und wo es, ganz gleich, bei welchem Wort ich anklopfte, keinen Sinn gab.

Hier wird es natürlich sein, ein Fragezeichen hinter die Behauptung zu setzen, Gedichte würden ausschließlich mit Hilfe von Wörtern und von Nichts in Gestalt weißen Papiers hervorgebracht.

Man wird Trost in der Vorstellung suchen, ein Gedicht könne vielleicht ein Erlebnis beschreiben, das man gehabt hat, eine Episode aus dem Alltag, oder vielleicht von einer Reise, einen Sonnenuntergang ohnegleichen, ja, was auch immer, oder ein Gedicht könne auf Gedanken gründen, die man sich gemacht hat, z. B. Ideen darüber, wie die Gesellschaft eingerichtet sein müßte, oder Vorstellungen von Zusammenhängen zwischen allem Lebendigen auf Erden.

Aber Gedichte werden nicht von Erlebnissen noch von Gedanken, Ideen oder Vorstellungen von irgend etwas neu geschrieben. Gedichte werden mit Wörtern geschrieben.

Erst dadurch, daß man den Wörtern lauscht, ihrem Rhythmus und ihrer Klangfarbe, ihrer ganzen Musik, wird die Bedeutung in ihnen freigesetzt.

Erst dadurch, daß man von den Wörtern fasziniert wird und über sie staunt, über diese merkwürdigen menschlichen Laute und ihr weitreichendes Beziehungsnetz, können Gedichte überhaupt in Frage kommen.

In dem Zusammenhang gibt Novalis in seinem *Monolog* aus dem Jahre 1798 eine sehr treffende Beschreibung seiner Einsicht in das Verhältnis des Dichters zur Sprache:

»Es ist eigentlich um das Sprechen und Schreiben eine närrische Sache; das rechte Gespräch ist ein bloßes Wortspiel. Der lächerliche Irrthum ist nur zu bewundern, daß die Leute meinen – sie sprächen um der Dinge willen. Gerade das Eigenthümliche der Sprache, daß sie sich blos um sich selbst bekümmert, weiß keiner. Darum ist sie ein so wunderbares und fruchtbares Geheimniß, – daß wenn einer blos spricht, um zu sprechen, er gerade die herrlichsten, originellsten Wahrheiten ausspricht. Will er aber von etwas Bestimmten sprechen, so läßt ihn die launige Sprache das lächerlichste und verkehrteste Zeug sagen.« Und später fährt er fort: »Wenn man den Leuten nur begreiflich machen könnte, daß es mit der Sprache wie mit den mathematischen Formeln sei – Sie machen eine Welt für sich aus – Sie spielen nur mit sich selbst, drükken nichts als ihre wunderbare Natur aus, und eben darum sind sie so ausdrucksvoll – eben darum spiegelt sich in ihnen das seltsame Verhältnißspiel der Dinge.« Und der ganze Monolog schließt mit Novalis' fragender Behauptung: »denn ein Schriftsteller ist wohl nur ein Sprachbegeisterter? –«

Hier will ich zu der unmöglichen selbsterlebten Situation zurückkehren, die ich vorhin angedeutet habe. Sie trat um 1980 ein, als ich die Gedichtsammlung *alphabet* schrieb, oder richtiger: noch nicht begriff, wie ich sie schreiben sollte. Da saß ich wirklich vor dem weißen Papier wie eine nahezu irrsinnige sprachbegeisterte Person, deren Sprachbegeisterung nirgends hinführte.

Denn natürlich werden Gedichte nur mit Wörtern geschrieben. Aber bestimmt nur, wenn sie dazu gebracht werden können, auch etwas zu bedeuten. Und es gibt Situationen, Krisen bei dem einzelnen und in der Welt, wo kein Wort, ganz gleich, wie schön es klingt, dazu gebracht werden kann, irgendeine Bedeutung zu haben.

Warum schreiben, wenn das weiße Papier hinter den Wörtern nur immer weißer wird? Warum zu einem Zeitpunkt schreiben, wo der kalte Krieg am allerkältesten war und die Menschheit sich ständig neue Vernichtungsmittel dazu ausdachte, sich selbst auszurotten?

Warum schreiben, wenn sich keiner mehr nach Gedichten, sondern nur nach dem alles auslöschenden weißen Nichts sehnte?

Jetzt mag das wie rhetorische Fragen klingen, aber damals war es wirklich ein Fieberzustand. Die eigentliche Arbeit damit, diesen Fieberzustand zu überwinden, begann als ein Vorgang des Sammelns. Eine mir selbst unverständliche Beschäftigung damit, Einzelwörter auf Papier zu schreiben, vorzugsweise Substantive, die auf konkrete Phänomene in der Welt verweisen, alles mögliche Eßbare, Sichtbare und sinnlich Wahrnehmbare wie Aprikosen, Tauben, Melonen, aber auch Dioxin und dergleichen. Da standen sie, auf großen Bögen weißen Papiers, Wörter mit A, Wörter mit B, Wörter mit C usw., und wenn ich noch unerträglich viel länger weitergemacht hätte, dann hätte es einer besonders schlampigen Form von Wörterbuch geähnelt, einer Wildnis unzusammenhängender Phänomene.

Dennoch wurde mir allmählich klar, daß es um eine Art Beschwörung ging. Ein Gebet darum, daß Aprikosen, Tauben, Melonen usw. weiterhin in der Welt existieren möchten. Und zugleich ein Gebet darum, daß Atombomben, Wasserstoffbomben, Dioxin usw. verschwinden möchten.

Aber ein Wörterbuch oder eine noch so große Ansammlung von Wörtern auf Papier hat in sich selbst keinen beschwörenden Charakter. Nur dadurch, daß man bei einem eventuellen Leser das äußerste Wohlwollen und die äußerste Phantasie erwartet, kann man eine A4-Seite mit einer zufälligen Auswahl von Wörtern, die z. B. mit A anfangen, so präsentieren, als wäre sie ein Gedicht.

Zu diesem Zeitpunkt kam die Mathematik mir zur Hilfe. Denn da die Phänomene niemals von selbst in Zusammenhängen auftreten, nur weil sie benannt werden, wurde es mein Glück, daß ich unterwegs, in meinem Suchen nach Wörtern, zufälligerweise an Zahlen geriet (in einem Lexikon unter F), nämlich an Fibonaccis Zahlenreihe, die ich am ehesten als eine Vision erlebte, als ein Bild für Entstehung und Ausbreitung des Weltalls, das der Theorie vom Urknall entsprach, die damals die führende war. Als das Weltall geboren wurde, geschah folgendes: Alles, was anfangs zu fast nichts zusammengepreßt war, explodierte und breitete sich nach allen Seiten aus, eine Bewegung, die andauern wird, bis die Ausbreitung so groß ist, daß alles zu verschwinden und wieder zu nichts oder fast nichts zu werden scheint.

Ein Bild also. Oder eine Sicht der Welt als eines zwar sprachlich stummen, aber zahlenmäßig sehr sprechenden Zusammenhangs zwischen verschiedenen Phänomenen, eines Zusammenhangs und einer Schönheit, die sich z. B. dadurch zeigt, daß die Fibonacci-Zahlen konkret vorhanden sind in den Wachstumsprinzipien von Kristallen und Pflanzen. Eine Zahl in der Fibonacci-Reihe ist nämlich definiert als die Summe der beiden vorangegangenen Zahlen, so daß die Zahlen damit in extremer Eile wachsen, eine Exponentialkurve in voller Geschwindigkeit hinaus ins Unendliche, zugleich aber unterwegs mit Annäherungen an das, was wir Menschen den »Goldenen Schnitt« nennen. Ich empfand es also als ein großes Abenteuer, daß ich versuchte, dieses stumme universale Gedicht mit dem menschengeschaffenen Alphabet zu kombinieren, oder richtiger: diese Kombination in einer nicht abgeschlossenen Gedichtreihe anzudeuten.

Warum denn das Gedichteschreiben so kompliziert machen? Eine Antwort könnte sein, daß vielleicht gerade das sehr Komplizierte das eigentlich Einfache ist. Eine Rose ist, wenn wir darüber nachdenken, was sie ist, sehr kompliziert, aber dennoch sehr einfach. »A rose is a rose is a rose«, wie Gertrude Stein sagt, wodurch sie einzig mit dieser insistierenden Wiederholung auf das Rätselhafte an der Existenz sowohl der Rose als auch der Sprache hinweist.

Normalerweise betrachten wir die Rose als etwas Naturgeschaffenes, als einen Teil der Selbstentfaltung der Natur, während wir die Sprache als etwas Menschengeschaffenes betrachten, als etwas, auf das nur wir ein Patent haben.

Aber auf dieselbe Weise, wie wir selber ein Teil des merkwürdigen biologischen Projekts sind, das die Erde wenigstens in unserem Teil des Universums einmalig macht, ist auch die Sprache ein Teil dieses biologischen Projekts.

Diesen Gedankengang anwenden heißt nicht, daß wir dadurch den freien Willen einbüßen und die Schuld an allem Unglücklichen einfach auf die biologische Entwicklung schieben können. Noch immer sind wir es, die alles schreiben und alles erfinden können, zum Glück wie zum Unglück, aber nur auf einer bestimmten Ebene. Auf einer anderen Ebene verlieren sowohl der freie Wille als auch die Sprache jegliche Bedeutung. Allein das Wesen der Sonne, daß sie brennt und sich zuletzt selbst verbrennt, allein, daß der Tod auf diese äußerste Art und Weise existiert, macht auch unseren eigenen täglichen Tod auf der Erde hier zu einem Bilde dessen, daß wir zwar alles mögliche bestimmen können, aber nur, weil wir nichts bestimmen. Wenn wir wirklich alles bestimmen könnten, wären wir sicherlich gar nicht hier, einfach weil wir keinen Grund hätten, zu überleben zu versuchen.

Lange haben wir in unserem Versuch, zu überleben, das Glück gehabt, so zu tun, als gehörte die Sprache nur uns. Als wäre das Wort ganz unsere eigene Erfindung, dazu berechnet, die Welt um uns herum zu beschwören und zu beherrschen. Jetzt sind wir in dieser Beherrschung endlich so weit gekommen, daß wir entdecken, wie die Beherrschung uns selbst beherrscht. Und hier spreche ich nicht von Selbstbeherrschung, denn wie wir uns in *der* üben müssen, das haben wir noch nicht herausbekommen, wenigstens nicht gemeinsam.

Vielleicht gehe ich deshalb dieser Idee nach, weil ich mir nicht vorstelle, daß es den Menschen in irgendeiner Weise herabsetzt, zu sagen, daß wir nur der Musik im Wort zu lauschen brauchen, um zu hören, daß es auch von etwas mehr als uns selbst geschaffen ist. Ohne daß es deshalb notwendigerweise göttlich genannt werden muß.

Aber doppelt muß das Wort notwendigerweise genannt werden. Doppelt sein. Es muß innen wie auch außen sein. Es muß innen im Bewußtsein sein, das etwas göttlich nennt, zugleich aber außen in dem Göttlichen, das das Bewußtsein hervorruft. Und zwischen den beiden Ebenen muß im Gedicht ein unaufhörliches Gespräch vor sich gehen.

Vielleicht läßt sich die Funktion des Wortes im Bilde einer Membran zwischen außen und innen beschreiben, einer Membran, die die osmotische Wechselwirkung zwischen Bewußtsein und Umwelt reguliert.

Und erst wenn ausreichend viele Wörter ihre Plätze im Gedicht gefunden haben und damit ausreichend viel Vergessenes, das das Wichtigste im Leben ist, hervorgeholt ist und das übliche Wissen verbunden ist mit dem Wissen, das angeboren ist, wenn diese und noch viel mehr Dinge geschehen sind dadurch, daß Wörter aus der Luft gegriffen oder von den Regalen der Bibliotheken heruntergerissen werden, Wiederverwendung von Wiederverwendung, erst dann entsteht am Ende ein Gleichgewicht, der osmotische Druck gleicht sich aus, und die Funktion der Membran hört auf. Das Wort ist ganz es selbst.

Und das bedeutet nicht, daß man dann mit dem Gedicht nicht mehr ins Gespräch kommen kann. Im Gegenteil. Vielmehr bedeutet es, daß wenigstens vorübergehend Gleichgewicht hergestellt ist zwischen außen und innen, daß die Membran undurchlässig gemacht ist – und das Wort »dichten« bedeutet ja eben »undurchlässig machen« –, undurchlässig, weil nichts mehr da ist, was sich aufdrängt, um eine andere Ebene zu übernehmen und zu beherrschen, alles im Gedicht scheint zu schweben, ununterbrochen beweglich, aber still, wie mitten im Auge des Sturms, in dem, was Novalis »das seltsame Verhältnißspiel der Dinge« nennt.

Und das ist bestimmt ein sehr erstrebenswerter Zustand, den zu erreichen Menschen sehr weit gehen werden. Denn vielleicht ist es so mit uns bestellt, daß dieser Zustand, dieser im eigentlichsten Sinne welt(v)erklärende Zustand, nicht recht existiert, wenn nicht die Wörter ihn nennen und ihn damit wieder und wieder vor unseren staunenden Augen schaffen.

Die ordnende Wirkung des Zufalls

Das Mitlaufen des Zufalls

Eines Tages hörte ich in der S-Bahn zwei ältere Damen folgende Äußerungen wechseln:

»Notwendig wären all diese Zufälle nicht.«

»Nein. Sie müßten abgeschafft werden. – Überhaupt ist allzu vieles Zufällen überlassen.«

Worüber sie sprachen, hörte ich nicht. Es könnte jedes Beliebige sein. Und die Äußerungen könnten von jedem Beliebigen gesagt sein. Sie enthalten nämlich, trotz ihres Alltagstons, etwas Allgemeingültiges über das Verhältnis des Menschen zum Zufälligen und zum Notwendigen. Am besten kommt es heraus, wenn man die zwei abstrakteren Fragen formuliert, die sich in den beunruhigenden und aggressiven Feststellungen der Äußerungen verbergen. Erstens: Ist der Zufall notwendig? Zweitens: Herrscht der Zufall?

Um das Zweite vor dem Ersten aufzugreifen: Herrscht der Zufall? – so muß die Antwort, soweit es denn möglich ist, sie zu kennen, bejahend sein. Das Universum, und damit die Erde und das Leben hier auf der Erde, existiert nach den Prämissen des Zufalls, dem zu Trotz, wie notwendig, wohlgeordnet und geregelt das Ganze um uns zu sein scheint, vom Leben der Pflanzen bis zum Kreislauf der Erde um die Sonne, abgesehen von gewissen Störungen wie Vulkane, das Verhalten der Menschen u. a.

Was der Zufall als solcher *ist,* das wissen wir dem Wesen der Sache nach natürlich nicht. Wir wissen nur, daß es etwas gibt, das wir als Zufall begreifen. Deshalb kann ja an diesem Zufall sehr wohl etwas sein, das wir nicht begreifen. Der Zufall könnte geradezu von einer Ordnung erfüllt sein, die nur auf anderen Frequenzen sendet als denjenigen, die unsere menschlichen Sinnesapparate empfangen können.

Aber wir leben also zu jenen merkwürdigen, zufälligen Bedingungen, von denen Jacques Monod in folgendem Zitat eine treffende Beschreibung gibt: »Die *a priori*-Wahrscheinlichkeit dafür, daß unter allen im Universum möglichen Ereignissen ein besonderes Einzelereignis sich vollzieht, liegt nahe bei Null. Indessen existiert das Universum, und es müssen also wohl Einzelereignisse vorfallen, deren Wahrscheinlichkeit (Erwartungswahrscheinlichkeit vor dem Ereignis) verschwindend gering ist. Wir können zur gegenwärtigen Stunde weder behaupten noch bestreiten, daß das Leben auf der Erde *ein einziges Mal* aufgetreten sei und folglich vor seinem Auftreten fast keine Chancen für sein Dasein bestanden hätten.

Diese Vorstellung ist nicht nur den Biologen unangenehm, soweit sie Wissenschaftler sind. Sie widersetzt sich unserer allgemein-menschlichen Neigung: zu glauben, daß alle wirklich in der Welt existierenden Dinge von jeher notwendig gewesen seien. Wir müssen immer vor diesem so mächtigen Gefühl auf der Hut sein, daß alles vorherbestimmt sei.« (*Le hasard et la nécessité.* 1970)*

Die beiden Damen in der S-Bahn waren das nicht. Sie waren nicht auf der Hut vor einem Gefühl von Vorherbestimmtheit. Sie sprachen bloß von der Neigung der Menschen aus, an ihr eigenes Gefühl von Notwendigkeit zu glauben, dem Gefühl, von dem aus wir das Zufällige zu bekämpfen, zu beherrschen oder einzuverleiben versuchen, vielleicht in der Hoffnung, uns am Ende darüber zu erheben und es verschwinden zu sehen.

Wir geben somit zu, daß der Zufall herrscht, erleben es zugleich aber als eine gebieterische Notwendigkeit, ihn zu verdrängen. Im Alltag tun wir ganz einfach so, als lebten wir im

* Deutsch von Friedrich Griese (A. d. Ü.)

Reich der Notwendigkeit, von dem aus wir dem Zufall seine Bedingungen diktieren, nicht umgekehrt.

Man kann dann fragen, ob es wirklich eine Voraussetzung für unser Gefühl von Notwendigkeit, vielleicht für unser Überleben ist, daß wir den Zufall verdrängen. Kann man sich nicht vorstellen, daß wir mit ebenso großer Notwendigkeit leben, obwohl wir dem Zufall in die Augen blicken? Vielleicht sogar mit größerer Notwendigkeit, wenn wir direkt zu sehen wagen, wieso und wie er herrscht.

Hier muß, glaube ich, die erste Frage, die gestellt wurde, hineinkommen. In der S-Bahn lautete sie: »Notwendig wären solche Zufälle nicht.« Unausgesprochen: sie *müßten* nicht notwendig sein, *sind* es offenbar aber. Und hier als Frage formuliert: Ist der Zufall notwendig? Ist er in Wirklichkeit ein notwendiger Kooperationspartner, so etwas wie ein neutraler Helfer, der, wenn wir sein Wesen einsähen, unsere Denkweise und damit unser Leben zum Besseren ändern könnte? Wir könnten ihn vielleicht als eine Art unerschöpflichen Vorrat an weißem Rauschen betrachten, aus dem sich im Prinzip ständig Musik holen läßt, nur nicht immer gerade dann, wenn der einzelne es wünscht oder als notwendig empfindet, vielleicht eher in dem Augenblick, wo der einzelne sein Gefühl von Notwendigkeit ein klein wenig loszulassen wagt. Wir könnten uns den Zufall vielleicht auch als eine diffuse Energiequelle vorstellen, die durch ihr bloßes Vorhandensein eine ordnende Wirkung hätte, eine Art Mitlaufen hinein in unsere eigene Produktion von Ordnung. Und uns vorstellen, daß wir durch dieses Mitlaufen des Zufalls einen Schutz vor unserer eigenen Überproduktion von Ordnung bekämen.

Das erinnert mich an etwas, das ich eines Tages über moderne Wettermodelle las, die in einem Netzwerk von Punkten alle erdenklichen Informationen einsammeln in Form von Messungen der Temperatur, des Luftdrucks, der Luftfeuchtigkeit usw., alles, was sich die Meteorologie ausdenken kann. Was dann geschildert wurde, war der wilde Traum der Meteorologen von den perfekten Messungen der perfekten Meßinstrumente, so daß man für jede beliebige Stelle des Erdballs einen Monat im voraus vorhersagen könnte, ob es Sonnenschein oder Regen geben wird. Die gesamte Erdoberfläche würde mit Sensoren bedeckt werden, im Abstand von einem halben Meter voneinander angebracht und imstande, Daten noch aus den höchsten Luftschichten einzusammeln, und all das würde laufend in einen Riesencomputer gespeichert, so daß man für jeden beliebigen Tag oder für jede beliebige Stunde, ja geradezu auf die Minute genau, würde vorhersagen können, wann es regnen wird und wie, z. B. hier in Kopenhagen. Aber fast im selben Augenblick, wo der Computer mit seinen Berechnungen begänne, würden in den Zwischenräumen zwischen den Sensoren ganz kleine Abweichungen entstehen, die zunächst zu ganz kleinen Berechnungsfehlern im Computer führen würden, Fehler, die sich indes rasch ausdehnen und anwachsen würden und am Ende weltumspannend wären.

Ich notierte mir, daß dieses Phänomen der »Schmetterlingseffekt« genannt wurde – nach einem Artikel von E. N. Lorenz mit dem Titel: »Kann der Flügelschlag eines Schmetterlings in Brasilien in Texas einen Tornado hervorrufen?«

Nun besagt dieses Gedankenexperiment vielleicht eher, daß die Überproduktion von Ordnung oder überhaupt: eine Produktion von Ordnung wünschbar wäre wenigstens für die Meteorologen und all die wetterabhängigen Erwerbszweige, die sie bedienen. Zum Glück ist das Experiment nicht möglich, wie es auch nicht möglich ist, eine Landkarte von derselben Größe wie der ganze Erdball herzustellen. Zum Glück, denn wer würde jemals ausgehen, wenn man niemals von einem Regenschauer überrascht würde, niemals vom Sturm Tränen in die Augen bekäme und sich niemals nach dem ersten richtigen Frühlingstag sehnen könnte, weil man auf die Minute genau wüßte, wann er eintreffen wird, z. B. am 8. März um 12.07 Uhr.

Wie absurd in Wirklichkeit ein solches Wunschdenken, ein solcher Drang danach ist, mit Notwendigkeit kartieren, festlegen und berechnen zu können, wird man sich vielleicht besser vorstellen können, wenn man sich ähnliche fortlaufende Messungen der Funktionen des Körpers denkt. Wenn man im winzigsten Detail jede Bewegung und jede Änderung in sämtlichen Prozessen des Körpers verfolgte, bis der Computer plötzlich lospiepste und das Ergebnis ausspuckte in Form einer Mitteilung darüber, wann auf den Glockenschlag genau man sterben wird. Dann lieber den Zufall zu Hilfe rufen und darauf hoffen, dem Computer dadurch zuvorzukommen, daß man von einem Auto überfahren wird.

Ja, dann lieber den Schmetterlingseffekt. All die kleinen Zwischenräume, in die der Zufall hineinkommt. Die kleinen Zwischenräume zwischen unseren Sinnen, die Zwischenräume zwischen Aufmerksamkeit und Unaufmerksamkeit, die Zwischenräume zwischen den Wörtern auf dem Papier, die unüberschaubaren Zwischenräume des Papiers, wenn nichts darauf steht, die Zwischenräume des Schlafes, die Zwischenräume des Formlosen, die Zwischenräume der öden Strekken, dort, wo man draußen ist, bis man wieder drin ist. All die Stellen, wo das Bewußtsein sich dem Spiel der Zufälle ergibt. Lieber also diesen Schmetterlingseffekt als die totale Ordnung. Lieber den winzigsten kleinen Zufall sich zu einem Meer von Zufällen ausdehnen lassen, in dem das Bewußtsein ertrinkt, als es sich an seine eigene abgegrenzte und damit fiktive Ordnung klammern lassen.

Fortuna

Was allmählich hier zu interessieren scheint, ist offenbar nicht, inwieweit der Zufall herrscht, sondern wie er herrscht, und nicht, inwieweit wir der notwendigen Ordnung der Natur unterliegen, von der wir ein Teil sind, sondern wie diese Ordnung, deren Zeuge der Mensch zugleich ist und die er deshalb vervielfacht und ausbaut, in Verbindung mit dem steht, was hier die ordnende Wirkung des Zufalls genannt wird.

Fortuna, die römische Schicksalsgöttin, ist ein Symbol für die willkürliche Launenhaftigkeit, die in der Welt herrscht. Sie ist unerbittlich, nicht, weil sie böse oder haßerfüllt ist, sondern weil sie den Konsequenzen aus den Launen aller Zufälle gegenüber gleichgültig ist. Sie wird mit einem Schiffsruder abgebildet, als diejenige, die die Seefahrt des Lebens lenkt, wird zugleich aber als eine blinde Göttin dargestellt und wird allmählich mit all den Göttinnen für Glück und Glücksfälle in Zusammenhang gebracht, die es gegeben hat, so daß ihr am Ende außer dem Schiffsruder das Füllhorn als Attribut zuerteilt wird. Die ganze Gestalt steht somit als ein Bild dafür da, wie der blinde Zufall Fruchtbarkeit, Wohlstand und Sieg hervorbringt. Wenn man es denn versteht, unter diesen Bedingungen zu navigieren. Und hier kann man, was die Literatur betrifft, hinzufügen: Wenn man es denn versteht, unter diesen Bedingungen zu schreiben.

Im Alltag ist es in der Regel so, daß der Zufall seine scheinbare Grausamkeit so sehr versteckt, daß man mit dem Gedanken daran spielen kann. Man kann z. B. an sein Leben zurückdenken und sich vorstellen, wie es gewesen wäre, wenn etwas ganz anderes geschehen wäre als das, was wirklich geschehen ist. Wenn man als Kind von zu Hause abgehauen und niemals wiedergefunden worden wäre, wenn man ganz woanders geboren worden wäre, auf einem Friedhof in Kairo vielleicht, wenn man Apotheker, Botaniker geworden wäre oder in einer Kirche den Sohn des Bäckers geheiratet hätte, wenn man nie in jener Winternacht in den Regen hinausgegangen wäre, als man sich in einen umherstreichenden Vagabunden verliebte, oder wenn man in einer ganz anderen Winternacht wie irgendein Reisender an einem zufälligen Ort aus dem Zug gestiegen und in ein zufälliges Haus gegangen wäre – und vor allem, wenn man nie begonnen hätte, Gedichte zu schreiben oder überhaupt zu schreiben.

Doch geschehen ist geschehen. Ich muß feststellen, daß ich seinerzeit tatsächlich zu schreiben begonnen habe, vermutlich durch einen Zufall, aber nicht genug damit, daß dieser Zufall und mit ihm andere mich zum Vortragen hierhergebracht hat, er hat mich offenbar auch dazu vermocht, gerade über den Zufall etwas vorzutragen, und hat mich somit, als wäre es nicht genug, aus der Not(wendigkeit) eine Tugend zu machen, wie man zu sagen pflegt, dazu vermocht, aus dem Zufall eine Tugend zu machen.

So kann man also mit dem Gedanken spielen, daß man nie zu schreiben begonnen hätte. Man kann aber auch gequält werden von dem Gedanken, daß man überhaupt begonnen hat. Ich habe viele Schriftsteller davon erzählen hören, wie sie eher durch einen Zufall zu schreiben begonnen hatten, aber auch davon, wie sie eines Tages plötzlich hatten einsehen müssen, daß es für sie eine Notwendigkeit geworden war zu schreiben. Und obwohl dieses Gefühl von Notwendigkeit den Schriftsteller vielleicht geradezu überrascht, fällt es ihm in der Regel nicht sonderlich schwer, daran zu glauben, und damit daran zu glauben, daß das Gefühl von Zufälligkeit ein überstandenes Stadium ist. Denn durch Schreiben bringt man Ordnung hervor, vielleicht auch in seinem eigenen Leben, und vielleicht in dem Maße, daß Lebensprojekt und Schreibprojekt verschmelzen, so daß Schreiben und Leben nicht mehr voneinander unterschieden werden können, sondern zu Teilen derselben Notwendigkeit werden. Und das klingt vielleicht sehr gut. Fast so, als könnte es das alte Dilemma aufheben, wonach Schriftstellerei und Lebensverlauf in einer Art höherer Notwendigkeit oder geradezu Schicksal zusammenhängen.

Aber vielleicht ist dieses unaufhaltsame Pochen auf die Notwendigkeit insgeheim nichts anderes als ein Versuch, den Zufall zu verdrängen. Warum? Vielleicht nur, weil man vermeiden will, sich so zufällig zu fühlen, wie man ist. Vielleicht aber auch aus komplizierteren Gründen. Vielleicht aus Angst davor, zu schreiben, ohne unterwegs vom Gefühl von Notwendigkeit überhaupt begleitet zu sein, verstanden als Angst davor, während des Schreibvorgangs bis zu dem Punkt vorzudringen, wo die zugleich angeborene und mühsam aufgebaute Ordnung des Schriftstellers weichen muß, weil der Zufall eine so andersartige Ordnung durchsetzt, daß der Schriftsteller Herzklopfen bekommt, erschrickt und ungläubig das Geschriebene betrachten muß, das, obwohl es mit seiner eigenen Schrift auf dem Papier steht, dennoch so aussieht, als hätte er es gar nicht selber geschrieben, allein aus dem Grunde, daß der Schriftsteller in all seiner Notwendigkeit es sich niemals vorher hätte ausdenken können. Aus schlichter Angst also davor, während des Schreibvorgangs bis zu dem Punkt vorzudringen, wo der Zufall dem Schriftsteller das Werk wegnimmt, noch ehe es fertiggeschrieben ist.

Wenn es trotz allem gelingt, diese Angst zu überwinden, kann es deshalb sein, weil der Mensch mit der Lust, geordnete Formen hervorzubringen, nicht alleine dasteht. Überall in der übrigen Natur können wir ja diese Formen beobachten und sehen, mit welcher Leichtigkeit alles mögliche andere Material auf der Erde, warum also nicht auch das menschliche Bewußtsein, sich dem ergibt, was hier die ordnende Wirkung des Zufalls genannt wird. So kann man Trost darin finden, sich vorzustellen, daß es möglich ist, mit derselben Leichtigkeit zu schreiben wie derjenigen, womit der Frost die Wiederholungen und Variationen der Eisblumen auf der Fensterscheibe hervorbringt, oder verdichteter, wie wenn das

Fruchtfleisch in einer Kiwi seine schwarzen Kernpunkte umklammert, ja vielleicht wäre es gar möglich, völlig grau in grau zu schreiben, wie wenn eine große Wolke, ohne Kanten und Brüche, nur ganz langsam, während sie sich ausdehnt, ihre Konsistenz und ihre Richtung enthüllt.

Wiedererkennungsbilder

Und der Trost liegt nicht darin, daß diese Naturerscheinungen direkt als Vorbilder für die Schreibweise eines Schriftstellers sollten betrachtet werden können. Eher sollten sie betrachtet werden können als eine Art Wiedererkennungsbilder, so daß das, was wir in den Eisblumen, der Kiwifrucht und der grauen Wolke sehen, uns unmittelbar ausrufen macht: Ja, das heißt schreiben! Oder meinetwegen: Ja, das heißt leben!

Novalis kreist um diese Wiedererkennungsbilder, und vielleicht insbesondere um ihre gemeinsamen Züge, als hätten sie einmal ihren Ursprung in ein und derselben Schrift gehabt, und schreibt in seinen sehr schönen Einleitungszeilen zu *Die Lehrlinge zu Sais*:

»Mannigfache Wege gehen die Menschen. Wer sie verfolgt und vergleicht, wird wunderliche Figuren entstehen sehen; Figuren, die zu jener großen Chiffernschrift zu gehören scheinen, die man überall, auf Flügeln, Eierschalen, in Wolken, im Schnee, in Kristallen und in Steinbildungen, auf gefrierenden Wassern, im Innern und Äußern der Gebirge, der Pflanzen, der Tiere, der Menschen, in den Lichtern des Himmels, auf berührten und gestrichenen Scheiben von Pech und Glas, in den Feilspänen um den Magnet her, und sonderbaren Konjunkturen des Zufalls, erblickt. In ihnen ahndet man den Schlüssel dieser Wunderschrift, die Sprachlehre derselben, allein die Ahndung will sich selbst in keine festen

Formen fügen und scheint kein höherer Schlüssel werden zu wollen.«

Nein, selbst mit der Ahnung von der Existenz eines Schlüssels zu der Wunderschrift wird es nie leicht, sich der ordnenden Wirkung des Zufalls zu ergeben. Ganz gleich, wie man das Ganze dreht und wendet, niemals wird Schreiben so leicht wie Atmen. Obwohl der Schriftsteller es vielleicht in seltenen Augenblicken so erleben kann. Erleben kann, daß er, mit beibehaltener Angst, zu dem Punkt im Schreibvorgang vordringt, wo man in Ermangelung von Besserem sagen muß, daß der Zufall übernimmt – der Punkt, wo die Sprache lebendig und selbsterzeugend wird, im selben Sinne, wie der Sonnenblumenkern zu einer Sonnenblume wird. Und obwohl es vielleicht nur eine Illusion ist, wird er beschwören, daß es tatsächlich so erlebt wird, als fiele Schreiben mit Leben zusammen. Diesen Zustand abwesender Anwesenheit, der lang oder kurz sein kann, fürchtet der Schriftsteller von vornherein, sowohl, weil er Angst davor hat, zu ihm vorzudringen, als auch, weil er Angst davor hat, nicht zu ihm vorzudringen. Aber letztlich ist es doch wohl dieser Zustand, den der Schriftsteller zuinnerst hervorzubringen hofft, koste es, was es wolle, auch all die anderen Gründe, die es fürs Schreiben geben kann.

Damit müht sich ein Schriftsteller eigentlich ab, diesen erstrebten Zustand zum Entstehen zu bringen; oder genauer: er müht sich damit ab, sich selbst dazu zu überlisten, dem Entstehen dieses Zustands nicht im Wege zu stehen. Eine Mühe, der Karl Kraus einen präzisen, paradoxen Ausdruck in folgendem Zitat verliehen hat: »Es genügt nicht, keine Einfälle zu haben; man muß auch unfähig sein, sie auszudrücken.«

Ironischerweise wird diese Mühe, wenn der Zustand eintritt, auf eine unerwartete, unsanfte Weise belohnt. Wie deutlich wird, zeigt sich nämlich, daß nicht mehr der Schriftsteller vordringt, der Zufall als solcher tut es, derjenige, der auch den Schriftsteller zufällig macht, ja, der schließlich und endlich das gerade abgeschlossene Manuskript zufällig macht. So zeigt der Zufall auf die Leere. Als wäre das Geschriebene nie geschrieben worden. Als könnte Schreiben nur das noch Ungeschriebene zum Wachsen bringen.

Hier wird der Schriftsteller zurückgelassen, denn das Werk ist ihm längst entglitten, und steht nur mit der Erinnerung an die Ahnung da, die, wie Novalis sagt, »kein höherer Schlüssel werden zu wollen [scheint]«. Und hier fahren die zitierten Zeilen aus *Die Lehrlinge zu Sais* fort: »Ein Alkahest« … (nach Paracelsus das angebliche Universallösungsmittel aller Stoffe, auch Menstruum universale genannt) … »ein Alkahest scheint über die Sinne der Menschen ausgegossen zu sein. Nur augenblicklich scheinen ihre Wünsche, ihre Gedanken sich zu verdichten. So entstehen ihre Ahndungen, aber nach kurzen Zeiten schwimmt alles wieder, wie vorher, vor ihren Blicken.«

Der Schriftsteller wird also zurückgelassen, ratlos und verloren, in etwas Diffusem, Undeutlichem, etwas Formlosem, Zufälligem, ja in eben dem Schatten des Zufalls, in dem er während der Arbeit einen Zusammenhang ahnte, und muß jetzt eine Blindheit, eine Verwirrung und einen Mangel erleben, der, sooft er versucht, ihn in Überfluß zu verwandeln, nur noch größer wächst.

Wenn man es ein paarmal ausprobiert hat, sollte man allmählich glauben, daß man lernen könnte, sich mit diesen bizarren Bedingungen abzufinden. Man weiß ja genau, daß der Text in dem Augenblick, wo man die Feder aufs Papier setzt, gänzlich unvorhersagbar ist, während er umgekehrt, wenn er einmal zu Ende geschrieben ist, recht vorhersagbar wirken wird.

Während der Text geschrieben wird, wirkt er immer notwendiger, wenn er allmählich Regeln, Proportion und Ordnung anbietet, während der fertige Text, wenn er zu seiner Zeit vorliegt, zufällig erscheinen wird. Erst nachher nämlich, wenn der Text abgeschlossen ist, kann mit Sicherheit gesagt werden, daß er genauso gut anders hätte sein können. Und im selben Maße, wie er anders hätte sein können, im selben Maße ist er zufällig.

Alles, was ein Schriftsteller schreibt, hätte genausogut anders sein können, aber erst, wenn es geschrieben ist. So wie das Leben hätte anders sein können, aber erst, wenn es gelebt ist.

Das Amorphe

Warum dann sich wieder in das Ganze hineinwerfen, nur um einen größeren Mangel zu erreichen? Ja, in das Leben würde man sich vielleicht gerne wieder hineinwerfen. Aber all das Möglichere, z. B. das Schreiben, warum sich in das wieder hineinwerfen? Warum dadurch versuchen, etwas zu erreichen, das in Wirklichkeit unmöglich zu erreichen ist, warum in ein Spiel eintreten, in dem trotz einmaliger Chancen nur die endgültige Möglichkeit besteht, daß man verwiesen wird?

Vielleicht deshalb, weil es um eine besondere Form von Bewußtseinsrausch geht, um ein Gefühl, im Formlosen aufzugehen, ohne daß es in Wirklichkeit geschieht, das Gefühl, auch selber ein Teil des Amorphen zu sein, ohne sterben zu müssen, ja, hätten die Religionen sich Gott nicht patentieren lassen, auch in sprachlicher Hinsicht, dann würde ich es das Gefühl nennen, Lehm in Gottes Hand zu sein, wie wenn man gebiert und vielleicht auch, wenn man geboren wird, immer in Situationen, in denen ein scheinbarer Mangel an Unterschied zwischen dem Körper und seiner Umgebung besteht.

Und hier muß man sich das Amorphe nicht als etwas ausschließlich Unterschiedsloses und Unbewegliches denken, eher als eine Art Entstehungsstätte, ungewiß, unbestimmbar, wie seinerzeit, als die Brechung des Lichts die ersten mikroskopischen Eigenbewegungen im Stoff hervorrief, noch weit entfernt von den komplizierten organischen Formen, die wir kennen, und noch weiter entfernt von unseren unermüdlichen Beschreibungen davon und von den nüchterneren Abstraktionen dieser Beschreibungen z. B. in der Geometrie. »Warum wird die Geometrie oft als ›nüchtern‹ und ›trocken‹ bezeichnet?« fragt Mandelbrot und versucht dann eine Antwort: »Nun, einer der Gründe besteht in ihrer Unfähigkeit, solche Formen zu beschreiben wie etwa eine Wolke, einen Berg, eine Küstenlinie oder einen Baum. Wolken sind keine Kugeln, Berge keine Kegel, Küstenlinien keine Kreise. Die Rinde ist nicht glatt – und auch der Blitz bahnt sich seinen Weg nicht gerade ... Die Existenz solcher Formen fordert uns zum Studium dessen heraus, was Euklid als ›formlos‹ beiseite läßt, eben die Morphologie des ›Amorphen‹ zu studieren.« (Benoît B. Mandelbrot: *Die fraktale Geometrie der Natur*)

Das Amorphe direkt zu studieren, müssen wir wohl der fraktalen Geometrie überlassen. Wir müssen uns damit begnügen, über unseren Drang nachzudenken, Zustände aufzusuchen, die demjenigen ähneln, das wir das Amorphe nennen. Im Rausch vielleicht, in der Liebesbegegnung, im großstädtischen Strom anonymer Menschen, im subtropischen Klima, in der Körperwärme – hier und unter ähnlichen Faszinationen erleben wir dann und wann eine Annäherung an das Amorphe, an die Unterschiedslosigkeit, das Außerhalb-der-Welt-Sein. Aber nur eine Annäherung. Alles andere wäre tödlich. Das Erlebnis eines scheinbaren Mangels an Unterschied zwischen Haut und Luft, zwischen Körper und Welt, zwischen Mensch und Mensch ist angenehm, ja geradezu paradiesisch angenehm, wäre in seiner extremen Konsequenz aber tödlich, ganz einfach ein Auslöschen des einzelnen Individuums. Das ist zweifellos der Grund dafür, daß wir uns alle danach sehnen, dieses Erlebnis in der Kunst simuliert zu sehen, und der Grund dafür, daß der Schriftsteller versucht, zum paradiesischen Zustand der Sprache vorzudringen, in dem

Schriftsteller und Sprache verschmelzen, obwohl er am Ende immer wieder aus eben dem Paradies gewiesen wird, das er – so empfindet er es – ganz aus sich selbst geschaffen hat.

Das Paradies

Es könnte also den Anschein haben, als wäre der Drang des Schriftstellers, zur ordnenden Wirkung des Zufalls vorzudringen und sich mit ihr zu verbinden, weil sie ein Teil unseres Bewußtseins von eigener und der Sterblichkeit anderer ist – als wäre dieser Drang auch ein Teil unserer Vorstellungen vom Paradies, einem mythischen Ort für das unterschiedslose In-der-Welt-Sein des Menschen.

Das Wort Paradies ist seinem Ursprung nach altpersisch, mit der Bedeutung eines abgegrenzten, eingezäunten Gartens. Außerhalb dieses Gartens liegt die Sandwüste, wo das Leben keine Möglichkeiten hat. Aber gäbe es nicht die Wüste, diesen Antigarten (ein Ausdruck aus *Firdaws* von Salah Stétié), so gäbe es auch den Garten nicht, eben weil er durch seine Abgrenzung von der Wüste definiert ist. Ab und zu ist es geschehen, daß ein Mensch in diesem Teil der Welt tagelang in die Wüste hinausgegangen ist, um sich ins Gebet zu versenken. Vielleicht um fähig zu werden, den Garten und den Antigarten als Teile desselben Geheimnisses zu betrachten.

Hier sind das Paradies und das freiwillige Exil aus dem Paradies noch etwas ganz Realistisches und Alltägliches. Aber unsere Vorstellungen von den mythischen Gärten, die den Rahmen um das Leben der ganzen Menschheit bilden, sind nicht sehr verschieden von diesen ersten Erlebnissen des Verhältnisses zwischen einem gewöhnlichen Garten und einer gewöhnlichen Wüste. Sie sind nur in einen größeren Maßstab gesetzt, wo sie fiktiv werden, deshalb aber nicht weniger real für unsere Handlungen.

In unseren Mythenvorstellungen geht es um zwei Gärten. Teils um ein erstes Paradies, das Gottes Garten auf der Erde ist, wo die ersten Menschen glücklich waren, weil sie nicht wußten, daß sie lebten, und teils um ein zweites Paradies, einen Himmelsgarten der Menschheit, wo wir einmal glücklich sein werden, weil wir nicht wissen, daß wir tot sind. Dieses erste Paradies, wo das Sein des Menschen in das der Natur einging, und dieses letzte Paradies, wo der Mensch in eben jenes himmlische Licht eingehen wird, das das erste schuf, verhalten sich zueinander wie der Garten zum Antigarten, wie die Oase zur Wüste, letzten Endes wie das Leben zum Tode.

Als Adam und Eva seinerzeit aus dem Paradies gewiesen wurden, da wurden sie es, weil sie vom Baum der Erkenntnis gegessen hatten und damit Zeugen der Welt und ihres eigenen Lebens geworden waren. Sie hatten zudem vielleicht eine Ahnung von der ordnenden Wirkung des Zufalls bekommen. Und als sie dann außerhalb standen, mit dieser Ahnung als ihrem einzigen Gepäck, draußen in der Wüste, wo sie nicht nur Zeugen ihres eigenen Lebens, sondern auch des irreversiblen Charakters dieses Lebens geworden waren, da wurden sie auf der Stelle gezwungen, ihre unmittelbare Sehnsucht zurück ins Paradies zu einer Sehnsucht nach vorne zu verwandeln, einer Sehnsucht, die um alles in der Welt das verlorene Paradies wiedererschaffen will, am liebsten natürlich vor dem Tode, notfalls aber danach, in einem Licht der Verklärung, von dem wir – so denken wir vertrauensvoll (und das vielleicht begründeterermaßen, als wir glauben) –, von dem wir vom Anfang der Zeiten an und deshalb auch am Ende der Zeiten ein Teil sind.

Wir sind also ausgewiesen und somit darauf angewiesen, eine unüberschaubare Zwischenzeit lang in Sehnsucht nach diesem ersten Garten zu leben, der dem Garten der Kindheit ähnelt, und in einer mangelnden oder doch ambivalenten Sehnsucht nach dem letzten Garten, der, wenn wir uns nicht von seiner wirklichen Existenz überzeugt fühlen, dem Garten des Friedhofs ähneln wird. Garten und Antigarten, die nicht zusammengebracht werden und die auch nur in einer Art abstrakter Gesichte zusammengedacht werden können.

Zweifellos sind unsere Paradiesvorstellungen ein Ausdruck dafür, daß wir als Menschen nicht nur imstande sind, uns einen Zustand anhaltenden Mangels vorzustellen, sondern auch imstande, an diesem Mangelzustand festzuhalten und ihn obendrein Leben zu nennen, wie z. B. in der Literatur, wo wir ihm uns ständig nähern, um ihn zu überwinden, aber jedesmal mit einem größeren Mangel zurückgelassen werden, mit jedem Versuch heimatloser und vertriebener.

Man könnte auf den Gedanken kommen, daß wir das Paradies geradezu erfunden haben, um heimatlos zu werden – und um heimatlos zu bleiben, da ein Paradies nach dem Tode anscheinend nicht viel zu bieten hat. Da wollen wir lieber ein Paradies suchen, um es immer wieder verlieren zu können, damit unser Gespräch über das Verlorene, über den unbedingten Mangel ständig weitergeführt werden kann.

Was dieses Gespräch angeht, so könnten wir vielleicht versuchen, die Bedingungen für dasjenige, was wir Paradies nennen, zu ändern. Wenn das Paradies nicht nur verloren ist, sondern auch in einem absoluten Sinne fehlt, weil nun einmal nicht wir es sind, die ins Paradies kommen, sondern der Staub, zu dem wir alle ohne Ausnahme eines Tages werden, dann könnten wir vielleicht, allein dadurch, daß wir anders denken, das Paradies dazu bringen, seine Anschrift zu ändern.

Anagramm

In dem Zusammenhang habe ich ein Anagramm entdeckt, das vielleicht nützlich sein könnte. Nimmt man das italienische Wort für Paradies, nämlich *paradiso*, so kann man durch Umstellen aller Buchstaben in dem Wort *paradiso* das Wort *diaspora* bilden. Diaspora ist das griechische Wort für Zerstreuung und wird zum Bezeichnen von Gruppen innerhalb einer Glaubens- oder Religionsgemeinschaft gebraucht, die in Ländern mit einer anderen Religion leben oder gezwungen sind, darin zu leben. Die Juden sind ein Beispiel. Auch die Diasporajuden genannt.

Es könnte in diesem Anagramm, das vielleicht langsam das Paradies dazu bringen könnte, seine Anschrift zu ändern, eine ganz neue Übung liegen. Sooft wir das Wort *paradiso* lesen, brauchen wir nur so zu tun, als wären wir derart legasthenisch geworden, daß wir es als das Wort *diaspora* lesen. Zwar sind wir aus dem Paradies gewiesen worden, aber vielleicht haben wir es im buchstäblichsten Sinne in die Diaspora mitgenommen. Und so wie die Geschichte Europas sich derzeit gebärdet, wäre das vielleicht auch nicht das Schlechteste, was geschehen könnte, wenn wir fähig würden, gerade die Diaspora als einen mythischen paradiesischen Ort für das unterschiedslose In-der-Welt-Sein des Menschen zu sehen.

Fragmente und Umwege

Unter den Aufzeichnungen Leonardo da Vincis gibt es eine Reihe von Vorschriften für Maler. Nachzulesen sind sie im ersten Abschnitt des »Buches von der Malerei«, das zwar nicht von Leonardo selbst, aber vermutlich von einem sehr einverständigen Freund und Schüler, von Francesco Melzi, geordnet worden ist. Dieser erste Abschnitt sieht so aus, als wäre er aus all dem zusammengestellt, was in die mehr praktischen Anweisungen der folgenden Kapitel nicht recht hineinpaßte, wo es in erster Linie auf Angaben darüber abgesehen ist, wie man, ganz genau, am besten z. B. Ungeheuer und Unwetter darstellt, nächtliche Auftritte, Bäume und kleinere Gewächse oder das Sonnenlicht morgens und abends und vieles mehr.

Die vielen verschiedenen Dinge, die in diese praktischen Anweisungen nicht haben eingefügt werden können, sind meist theoretische, artistische Überlegungen über die Haltung des Künstlers zum Stoff als Ganzem und überhaupt dazu, mit dem einzelnen Werk in Gang zu kommen. Es heißt da z. B.:

»Ich werde nicht ermangeln, unter diese Vorschriften eine neuerfundene Art des Schauens herzusetzen, die zwar klein und sich fast lächerlich ausnehmen mag, nichtsdestoweniger aber doch sehr brauchbar ist, den Geist zu verschiedenerlei Erfindungen zu wecken. Sie besteht darin, daß du auf manche Mauern hinsiehst, die mit allerlei Flecken bedeckt sind, oder auf Gestein von verschiedenem Gemisch. Hast du irgendeine Situation zu erfinden, so kannst du da Dinge erblicken, die diversen Landschaften gleich sehen, geschmückt mit Gebirgen, Flüssen, Felsen, Bäumen, großen Ebenen, Tal und Hügeln in mancherlei Art. Auch kannst du da allerlei Schlachten sehen, lebhafte Stellungen sonderbar fremdartiger Figuren, Gesichtsmienen, Trachten und unzählige Dinge, die du in vollkommene und gute Form bringen magst. Es tritt bei derlei Mauern und Gemisch das Ähnliche ein, wie beim Klang der Glocken, da wirst du in den Schlägen jeden Namen und jedes Wort wiederfinden können, die du dir einbildest.«*

Leonardo da Vinci sagt also sehr treuherzig, daß diese zufälligen Flecken, oder was es nun sein mag, »den Geist zu verschiedenerlei Erfindungen wecken«. Also braucht es vielleicht nur dies: eine bestimmte Anzahl von Fragmenten, und sogleich beginnt das Gehirn damit, zu ordnen und zu regieren und in jedem Beliebigen Sinn zu erschaffen.

In welchem Sinne können Leonardos fleckige Mauern oder die Mauer draußen vor meinem Küchenfenster, die während der eiligen Industrialisierung im vorigen Jahrhundert aus verschiedenfarbenen Abfallziegeln hochgezogen worden ist, als Fragmente bezeichnet werden? Ja, die mißfarben gelb-

* Deutsch von Heinrich Ludwig (A. d. Ü.)

lichen, gräulichen, rötlichen Abfallziegel, die einmal von einem Bau oder einem Abriß übriggeblieben sind, vielleicht von einem Palais, zeigen mit ihrer Geschichte auf sich selbst als Fragmente, als wiederverwendete Teile eines früheren Ganzen und damit auch auf die Möglichkeit, daß das jetzige Ganze zusammenbricht, so daß sie in einen künftigen unbekannten Zusammenhang eingehen werden. Aber die Wanderung dieser Fragmente von Palais zu Palais oder von Palais zu ärmlichem Eigenbauhaus, zuletzt vielleicht zu einem zufälligen Haufen von Ziegeln, auf einem Acker hinterlassen, soll diese Wanderung nur als die dahinterliegende Wanderung eines Ganzen gesehen werden können, so daß wir für immer außerstande sind, die Fragmente als etwas in sich selbst zu betrachten, als von allem losgerissen, und uns damit abfinden müssen, sie als vergessene, erinnerte oder vorhergesehene Teile eines Ganzen zu betrachten, von dem wir uns auch selber nicht losreißen können? Ist es so, daß wir, ganz gleich, welche Fragmente uns vorkommen, ähnlich wie die zufälligen Flecken auf Leonardo da Vincis Mauer, nicht nur imstande sind, sie zu sehen, nein, geradezu gezwungen sind, sie zu sehen, als etwas, das den Geist zu verschiedenerlei Erfindungen weckt? Sind wir, mit anderen Worten, so eingerichtet, daß wir ganz einfach dazu verurteilt sind, Sinn auch da zu finden, wo kein Sinn ist? Oder wie Lyotard die Frage stellt: Warum geschieht etwas und nicht nichts? *(A Conversation with Jean-François Lyotard by Bernard Blistène)*

Edenkoben

Ich will einen Augenblick auf die hartnäckigen Paradiesvorstellungen zurückkommen. Das erste Paradies, der Garten Eden, ist immer subtropisch. Eine Gartenlandschaft mit Palmen, Weintrauben usw. Eine wiederholte Auferstehung zu einem Überfluß von Nahrungsmitteln. Überall in Ländern mit subtropischem Klima diese Glücksillusion.

Letzten Herbst habe ich Edenkoben in Rheinland-Pfalz besucht. Das ist nicht subtropisch. Aber sogar im Herbst und sogar ohne Palmen ist die Paradiesillusion perfekt, jedenfalls wenn man von Norden kommt. Allein der Name: Edenkoben. Ich frage, was Edenkoben bedeutet. Keiner weiß das. Edenkoben ist einfach Edenkoben in Rheinland-Pfalz. Überall Weinberge. Überall diese genaue Vorbereitung des Rausches. Warum also fragen, was Edenkoben bedeutet, man fragt ja auch nicht, warum man lebt.

Das Fenster in meinem Zimmer mit der Aussicht über die weitgestreckte Landschaft ist ein modernes Paradiesbild. Musterstädte wie auf einer Weihnachtskarte. Fabriken, die sich wie altmodische Schiffe durch Meereswälder zu bewegen scheinen. Und obwohl sie sicherlich im Umkreis von Meilen alles verunreinigen und zerstören, glaubt man, das Rauschen vom Baum der Erkenntnis hören zu können. Während man zugleich weiß, daß es nur der Baum des Wiedererkennens sein kann.

Eines Vormittags wird das Fenster und die ganze Landschaft mit dem Haus in eine schwarze Wolke eingelagert, in etwas Unbedingtes, Vorbehaltloses, eine Art Ursuppe. Tausende von Vögeln, Stare, glaube ich, aber nicht so schwarzmetallisch wie Stare, vielleicht Weindrosseln, die ich nur ein einziges Mal in einer kleinen Gruppe in Jütland gesehen habe und die ich deshalb nicht kenne, diese Vögel, die ich jetzt Weindrosseln nenne, erfüllen die Luft über Edenkoben und machen sie zu einer Art Erde. Wo Weintrauben und Weindrosseln zu einem zusammenhängenden Phänomen werden. Erde und Luft sind keine zwei verschiedenen Elemente mehr, sondern eines, wie wenn alles verschmilzt. Wo also soll man atmen. Wo soll man sterben. Wo überhaupt Fragen stellen?

Am selben Vormittag sehe ich mir die Postkarten an, die ich

mithabe. U.a. Goethes »aquarellierte Federzeichnung: Farbenkreis zur Symbolisierung des menschlichen Geistes- und Seelenlebens« – eine Federzeichnung von Hans Christian Andersen, Zypressen in einer italienischen Landschaft und eine Mumie aus dem Ägyptischen Museum in Berlin. Alle drei sind sie eigentlich Fragmente eines Paradieses. Besonders vielleicht die Mumie, eine Frau, die schon 2500 Jahre tot gewesen ist und die man jetzt nur sehen kann, weil ihr Sarg halb angehoben ist. Der Sargdeckel, der über ihr schwebt, trägt ihr Porträt; es ist in Holz geschnitzt und wahrscheinlich regelmäßiger gebildet als ihr wirkliches Gesicht, so wie das Haar vielleicht auch schwärzer ist und die Schminke präziser, jedenfalls ist ihr Lächeln rätselhafter als bei normalen Toten. Vielleicht hat der Maler gewußt, wie lange man darauf warten muß, ins Paradies zu kommen.

Diese mehr oder weniger idyllischen Grübeleien werden unterbrochen, als plötzlich unten vom Weinfeld vor dem Hause kleine automatische Raketen abgefeuert werden, lautes Krachen und flimmernder Lichtschein, welche die Vögel aufschrecken. Sie fliegen eine Zeitlang umher und machen die Strömungen der Luft über der Landschaft sichtbar. Dann, auf einmal, sind sie alle weg, und das Paradies sieht ganz öde und verloren aus.

Diese Weindrosseln hätten eigentlich Paradiesvögel sein sollen. Die Paradiesvögel sind eine Familie von Spatzenvögeln mit 32 Gattungen und etwa 129 Arten. Sie stammen ursprünglich aus Neu-Guinea und den benachbarten Inseln. Europas Kenntnis der Paradiesvögel kommt mit Maghellans Erdumsegelung. Von dieser Reise wurden 1522 Paradiesvogel-Bälge nach Europa gebracht. Ihre Schönheit und ihr seltsames Aussehen erregten die größte Bewunderung; sie wurden unter dem Namen Manucodiata beschrieben, was Gottes Vögel bedeutet, und bald wurden über sie zahllose Geschichten erzählt; unter anderem nahm man an, daß sie im Paradiese lebten und daß sie deshalb ohne Füße seien, weil sie ihr ganzes

Leben in der Luft verbrächten, weil sie von Tau lebten. Ohne Füße waren sie allerdings, aber nur deshalb, weil die Jäger sie abgeschnitten hatten, um die Bälge schöner zu machen. Aber es ist weder das erste noch das letzte Mal, daß eine Fragmentierung am Ende zu einer schönen Erklärung geworden ist.

Um die Mittagszeit suche ich die »Altdeutsche Weinstube« in Edenkoben auf. Neun Tische, den Stammtisch der Handwerker mitgerechnet. Ein alter Mann geht umher und kümmert sich um alles. Still und ruhig, als wären alle Gäste seine eigene Familie, die als solche ab und zu schon etwas lästig sein kann, die aber nun einmal da ist und deshalb auch gekommen ist, um zu bleiben.

»Ich möchte gerne die Speisekarte sehen«, sage ich.

»Hier wird gegessen, was da ist«, antwortet er; mit Nachklang der Worte meiner Mutter, als ich ein Kind war: »Hier muß gegessen werden, was einem vorgesetzt wird.« Die anderen am Tisch nicken. Über das Essen zu diskutieren, besteht kein Grund. Sie haben nämlich recht: es ist immer gut.

Später, nachdem der alte Mann als letzter gegessen hat, frage ich ihn, was Edenkoben bedeutet.

Es bedeutet nichts, sagt er, überhaupt nichts. Dann fügt er hinzu: aber Eden bedeutet Eden wie im Garten Eden, und Koben ist das alte Wort für Stall. Stall, wiederholt er. So wie diese Weinstube ein Stall ist. Die Leute, die hierherkommen, sind wie Pferde; ohne Essen und Trinken können sie nicht weitergehen. Aber warum überhaupt weitergehen, fügt er hinzu. Und sieht aus, als hätte er seine eigene Art und Weise gefunden, sich in einer Welt voller Mängel einzurichten.

Eine Welt also, der das Paradies mangelt, wo es aber ab und zu einen Stall gibt, der uns dazu bringt, uns an das Mangelnde zu erinnern. Ein Ort, wo wir Fremde sind und dennoch zu Hause. Ein Ort, wo wir allein sind und dennoch zusammen. Ein Ort, wo wir nichts sind, aber dennoch etwas. Staub, aber dennoch eine Zeitlang Menschen. Alles in allem genommen nach wie vor ein Ort, der uns erzählt, daß das

Paradies mangelt, weil nicht wir es sind, die ins Paradies kommen, sondern der Staub. Der Staub, weil er unterschiedslos genug ist, eine Existenzform außerhalb der Welt anzunehmen.

So tun, als ob

Und so fragmentarisch werden wir bei lebendigem Leibe ja nie, daß wir fähig werden, außerhalb der Welt zu existieren. Aber läßt es sich in unseren Bewußtseinsprodukten machen, diese fragmentierte Existenz zu simulieren? Können wir uns überhaupt aus der Welt, in der wir leben, hinausdenken?

Neigen wir nicht dazu, zum Beispiel auch ein literarisches Fragment als einen konzentrierten Text zu sehen, dessen Konzentration von dem verborgenen Ganzen herrührt, in das er gehört? Oder sehen wir, umgekehrt, wie das Fragment versucht, das verborgene Ganze, überhaupt jede Ganzheitsbildung abzuweisen, zugleich aber nicht vermag, Beziehungen herzustellen, die keinerlei Ganzem angehören. Blanchot hat diese Frage als Postulat radikalisiert: »Das Fragmentarische geht nicht dem Ganzen voraus, sondern wird *außerhalb* des Ganzen gesagt und nach ihm.« (*Le fragmentaire ne précède pas le tout, mais se dit* en dehors *du tout et après lui. – L'Entretien infini.* 1969)

Ein Postulat wird vermutlich immer Frage und Antwort auf eine unmögliche Weise miteinander vermischen. Selbstverständlich kann man außerhalb des Ganzen oder nach ihm nichts sagen, solange man sich darin befindet. Aber gibt es Umwege, auf denen man nicht nur der eingebauten natürlichen und kulturellen Ordnung, sondern auch ihren Resten in jedem beliebigen Fragment entgeht? Oder ist es wenigstens möglich, daß wir so tun, als könnten wir uns selbst von außen betrachten und etwas sagen, das außerhalb von allem und nach allem ist?

Selbstverständlich ist es möglich, so zu tun, als ob. Wir haben tatsächlich, als einen Teil unserer Intelligenz, diese merkwürdige Eigenschaft, auf Gedeih und Verderb so zu tun, als wären die Dinge ganz anders, als sie sind oder als sie unserem Augenschein nach sind. Ein Dornbusch kann sprechen, der Geist Gottes kann über den Wassern schweben, ein kleiner Prinz kann sich schnell auf einem selbsterfundenen Planeten drehen, ein ganzes Land kann von miteinander sprechenden Bäumen bevölkert sein, und nichts hindert, daß auch der Staub sprechen kann – all diese manipulierenden, verführenden Vorstellungen sind aus der Literatur wohlbekannt, aber eigentlich nur aus der Literatur, weil sie auch aus unserer täglichen Umgangsform wohlbekannt sind. Hier hat die Verführung indes eine Tendenz dazu, sich in großem Maßstab zu Demagogie zu entwickeln, in der Regel recht unschädlich, weil sie schnell durchschaut ist, bisweilen aber auch auf unheimliche Weise schädlich, wie dann, wenn man sieht, daß Menschen sich selbst überhaupt dazu bringen können zu sagen, die Konzentrationslager während des Zweiten Weltkriegs habe es gar nicht gegeben, und damit sei es vielleicht nicht mehr weit, bis die Geschichte alle Spuren verwischt habe, wenn nicht anders, dann durch Attentate auf die Reste von gemeinsamem Gedächtnis, das wir aufzubauen versuchen.

In gewisser Weise glaube ich, daß wir versuchen müssen, mit dem Sinnverlust zu leben. Die Vorstellung abschaffen müssen, daß es einen anderen Sinn gibt als denjenigen, den wir die ganze Zeit wiederzuerkennen, zu spiegeln und zu simulieren imstande sind, weil wir als eben derjenige Teil des Sinns existieren, der imstande ist, den Sinn zu sehen, weder mehr noch weniger. In der Literatur heißt das vielleicht, daß der Schriftsteller sich zwar auf einen fernen Planeten versetzen oder das wimmelnde Leben auf der Erde beobachten kann, daß aber seine Schilderung nie etwas anderem Sinn verleihen wird als dem Sinn, der vorher schon auf der Erde ist. Wird aber ein Schriftsteller aus diesem Grunde zu schreiben aufhören? Wahrscheinlich nicht. Wie ein Wissenschaftler, der auch nicht mit seinen Grübeleien über den Zusammenhang der Erscheinungen aufhören wird, am Ende die Erde von dem getragen werden lassen muß, was wir die Schwerkraft nennen, obwohl er sich sehr gut eine andere, umfassendere Erklärung vorstellen könnte, die er vorerst nur dem Sinnlosen anvertrauen kann.

Daß Kunst und Wissenschaft auf der Grenze zwischen dem Sinn und dem Sinnlosen operieren, daran ist nichts Neues. Aber vielleicht ist diese Grenze beweglicher, als wir für gewöhnlich glauben. Vieles deutet darauf hin, daß es nicht mehr so eindeutig wie früher eine Grenze ist, die notwendigerweise der Entwicklung voraus ständig ins Unbekannte, Offene und grenzenlos Mögliche getrieben wird. Eher ist die Grenze mitten in das geschlossene System hineinverlegt worden. Hier erst ist das Paradies ernstlich verlorengegangen. Man könnte es das wiederverlorene Paradies nennen. Wo das Ergebnis werden muß, daß wir anfangen müssen, nach innen statt nach vorne oder zurückzuträumen.

Der Frosch im Raumschiff

Es ist schwer, sich darauf einzustellen, wie es sein könnte, nach innen zu träumen. Wir sind so gewohnt, nach außen zu träumen, weg von dem kleinen Leben und auf ferne Horizonte zu, auf die andere Seite der Erde hinüber oder ganz hinaus in andere Sternennebel zu anderen, vielleicht bewohnbaren Planeten.

Als einen kleinen Versuch zu einem Traum nach innen könnte ich mir vorstellen, daß ich in einem winzigen Sonnenblumensamen lebte, daß ich dort ein äußerst verkleinertes Menschenwesen wäre, ein Sonnenblumenwesen, das dadrinnen zum Himmel hinaufblickte, vielleicht schwarz für das Denken jetzt, wo ich von außen daran denke, aber, wer weiß, vielleicht weiß oder in einem schwindelerregenden Spektrum von Farben, und des weiteren könnte ich mir vorstellen, daß ich gar nicht wüßte, daß man aus diesem Samenkorn hinaus – oder hinauf – kommen könnte, daß es nicht möglich wäre, oder daß ich nicht ahnte, daß es vielleicht möglich werden würde, mit dem Stengel hinaufzukommen, dadurch, daß der Blätter treibt und eine große runde Blume mit flammenförmigen gelben Blättern, wie eine Corona, rings um den Sonnenkern mit den neuen Samenkörnern, und daß ich auch nichts davon ahnte, daß diese Sonnenblume mit ihrem Kern und ihrer Corona sich Tag für Tag drehen, mit ihrem schweren Sonnenkopf nicken oder ihn sinken lassen würde nach einer Sonne, so unfaßbar viel größer als sie selbst – all das könnte ich mir leicht vorstellen, aber welchen Unterschied – wenn überhaupt einen – macht es, wo oder im Verhältnis wozu diese Vorstellung draußen oder drinnen in der Welt ist.

Zur gleichen Zeit lese ich – oder las ich im September 1992 in der Neuen Kronen-Zeitung, daß eine US-Raumfähre mit sieben Astronauten hochgeschickt worden sei. Die Raumfähre sollte 7 Tage lang die Erde umkreisen, fast eine symbolische Schöpfungswoche, während der die 7 Astronauten im Dienste der Wissenschaft stehen. Mit 4 Fröschen, 180 Hornissen, 2 Karpfen und 200 Fruchtfliegen sollen Bioexperimente durchgeführt werden. Die Ergebnisse kenne ich nicht. Aber später sah ich im Fernsehen, wie ein lächelnder Japaner zwischen den unzähligen Anordnungen und Instrumenten der Raumfähre versuchte, einen der vier Frösche zu lehren, trotz der fehlenden Schwerkraft seine üblichen Froschsprünge zu tun. Aber vergebens. Er schwebte ständig mit der Bauchseite nach oben und die Glieder nach allen Seiten ausgespreizt, wie eine aufgetriebene Leiche. In gewisser Weise bekam es Ähnlichkeit mit einem zufälligen Fragment der Arche Noah. Eine kleine Voruntersuchung in unserem diffusen Streben weg von der Erde. Als wünschten wir uns letztlich, rechtzeitig aus unserem Sonnensystem hinauszukommen, ehe unsere eigene Sonne ausbrennt, und ganz gleich auf welchem Planeten mit bloß einem Minimum von Bewohnbarkeit zu landen, vorausgesetzt, er kreist um eine langlebigere Sonne als unsere.

Zu dieser ganzen Verwirrung um das Fragment und um unsere fragmentierte Position und ihr Wechseln im Verhältnis zur Umwelt fügt sich unsere ambivalente Haltung zum Verhältnis zwischen Natur und Kultur oder zwischen der Natur und dem Menschengeschaffenen. Auf der einen Seite sehnen wir uns oft auf primitive Weise nach der Natur zurück, in selbstmitleidiger Nostalgie, während wir auf der anderen Seite gar kein Auge für anderes haben als für die menschengeschaffene Welt um uns. Das Menschengeschaffene nimmt freilich inzwischen auch so viel Platz ein, daß es allmählich uns selbst angst macht. Aber statt zu untersuchen, wie intim das Menschengeschaffene mit der Natur zusammenhängt, der es trotz allem entspringt, sehen wir oft das Menschengeschaffene für sich und die Natur für sich, als unversöhnliche, ja feindliche Größen.

Phantasiebild

Das Groteske am Menschengeschaffenen wird vielleicht aus dem folgenden Phantasiebild aus *Das gemalte Zimmer* hervorgehen, einem Roman, den ich in den siebziger Jahren über das Leben des Malers Mantegna im Mantua des fünfzehnten Jahrhunderts geschrieben habe. Mantegnas Sohn Bernardino erzählt von der Landschaft, die er durchwandert, indem er eines der Bilder seines Vaters betrachtet, während das, was vor seinem verwunderten Blick bloßgelegt wird, das Verhältnis zwischen dem Natürlichen und dem Künstlichen oder dem angsteinflößenden Künstlichen ist. Bernardino erzählt:

»Ich mache mich gleich auf. Nach allen Seiten ist es friedlich und grün, und mit größter Erwartung steige ich zu der hohen Stadt hinan. Aber ich bin noch nicht sonderlich weit hinaufgekommen, da wird mir klar, daß irgend etwas anders ist, irgend etwas, das nicht zu erblicken ist, weil ich es vorher nie gesehen habe. Ich bin gerade bei dem Baum mit der Astgabel angekommen und setze mich hinein, fest entschlossen herauszubekommen, was los ist. Aber ich sehe nichts. Die Bäume sind alle die üblichen Bäume, die ich so gut kenne; die Häuser sind Häuser wie die in Mantua oder wie diejenigen, die die Architekten zeichnen, oder wie diejenigen, die wir im Frühjahr gefunden haben, als die Schule auf Ausgrabung war; die Felder sind grün, der Himmel ist blau, und die Felsen haben die üblichen bräunlichen, bläulichen und grünlichen Farben; selbst die kleinen Menschen, denen ich zu begegnen hoffe, sehen völlig natürlich aus. Trotzdem gelingt es mir nicht, den Gedanken loszuwerden, daß etwas nicht stimmt. Die Stimmung ist verkehrt. Wie wenn ein Huhn ohne Kopf herumläuft, nachdem es geschlachtet ist.

Ich klettere hinunter und gehe weiter. Als ich auf die Straße über dem größten Steinbruch gekommen bin, mache ich halt. Zu dem Zeitpunkt bin ich schon an etlichen kleineren Steinbrüchen und unterirdischen Schächten vorbeigekommen, aber erst hier, wo ich mit einemmal dicht am Stein bin und Aussicht über das ganze Gebiet habe, wo die Steinhauer sich in den wundervollen Marmor hineingearbeitet haben, geht mir auf, was von dem, was ich sehe, anders ist:

Der Berg ist von Menschen gemacht. Nicht nur die Stadt auf den obersten Spitzen mit Stadtmauer und Fort und allem ist von Menschen gebaut. Der ganze riesige Berg, der die Stadt ins Licht hinaufhebt, ist von Menschen hergestellt, von Grund auf so angelegt, Meter um Meter, daß die Steine fast richtig aussehen, fast dieselben Unregelmäßigkeiten, fast denselben Schimmer haben wie richtige Steine oder natürliche Steine.

Ich fasse es nicht. Haben die Vorfahren dieser Steinhauer

Jahrtausende dazu gebraucht, diesen Berg aufzubauen, bloß damit ihre Nachkommen hingehen und ihn öffnen und den Stein wieder loshauen sollen?

Und woher haben sie den Stein bekommen? Haben sie ihn anderswo geholt? Oder haben sie auch den Stein selber gemacht? – Wenn die Steine, die wir Steine zu nennen pflegen, die richtigen Steine sind, dann sind diese Steine hier weder richtige, natürliche noch göttliche Steine. Der Stein, den ich jetzt anfasse, ist ein menschlicher Stein. Zu irgendeinem Zeitpunkt hat es Menschen gegeben, hier an dieser Stelle, die nicht nur den Berg, sondern auch den Stein hergestellt haben, aus dem der Berg gemacht ist.

Ich gehe zu dem roten Torturm hinauf, um Zutritt zu dem Vorgelände zwischen der Festung des Kommandanten und der eigentlichen Stadtmauer zu erbitten. Links vom Turm ist eine Ruine mit kurzen Säulen und niedrigen Bögen aus grobbehauenen Steinen gebaut. Ich glaube nicht, daß es das übrige Gebäude jemals gegeben hat. Es ist zweifellos als Ruine errichtet von Menschen, die wußten, daß Ruinen sie an etwas erinnern sollten, die aber nicht wußten, woran sie erinnern sollten. Rechts ist ein steiler baumbewachsener Hang mit fünf, sechs großen Marmorbrocken, Säulen, Pyramiden und Becken, alles aus demselben menschengeschaffenen Marmor hergestellt wie der, auf dem ich gehe. Und mir fällt ein, daß diese Menschen offenbar wußten, was sich gehört, wenn man Geschichte schafft, aber die Geschichte selbst haben sie vergessen, oder sie haben von ihrer Existenz nie eine Ahnung gehabt.«

Eine Vision also des Menschen als eines Verwalters von Schichten und Aberschichten von Fragmenten, deren Ursprung in Vergessenheit geraten ist. Ein Zerrbild der Fähigkeit des Menschen, sich einzubilden, daß alles, was wir selber in der Welt erfunden und hervorgebracht haben, genauso einmalig großartig ist wie das, was die Natur aus sich selbst entfaltet hat. Letztlich ein Insistieren darauf, daß die Geschichte uns gehört, obwohl wir vergessen haben, auf welchem Fundament diese Geschichte baut. Und obwohl wir vielleicht sehr wohl sehen können, daß der Mount Everest, die Alpen oder was es sonst sein mag ohne das Zutun des Menschen zur Existenz gebracht worden sind, so liegt es in der Verlängerung unseres Gedankengangs zu meinen, sollten sie verschwinden und sollten wir wünschen, daß sie wieder existierten, so stünde es auch in unserer Macht, sie wieder zu erfinden und aufzubauen, ja, in letzter Instanz stünde es tatsächlich in unserer Macht, sie aufs neue zu schaffen, so gut, wie wenn sie von einem Gott geschaffen wären. Dieser Übermut kommt auf, weil wir so lange unsere Menschenwelt so eingerichtet haben, als wäre sie die ganze Welt, als würde die altmodische Sehnsucht nach dem Paradies mit unserer menschlichen Machtübernahme in der Natur zu ewiger Geborgenheit in einem künstlichen Paradies verwandelt. Jetzt, wo wir, jedenfalls an bestimmten Stellen der Erde, in diesem künstlichen Paradies leben, erleben wir, daß wir uns mehr von der Natur abgeschnürt als sie mit in unsere Welt hineingebracht und verwaltet haben. Wir haben im Gegenteil unsere Kultur abhängig gemacht von Kräften (zum Beispiel in Gestalt von Atomkraftwerken), die in einem völlig anderen Zyklus mit der Natur fungieren, als wir es selber als Menschen tun. Falls wir überhaupt sagen können, daß die radioaktiven Stoffe in irgendeiner Form von Zyklus mit unserer bekannten Form von Natur fungieren. Ihre Halbwertzeit, die unsere Vergiftungszeit ist, beträgt vielleicht 100 oder 1000 Jahre. Statt also die menschliche Energie mit diesen menschenfremden Stoffen zu supplieren, sollten wir versuchen, uns dadurch warm zu halten, daß wir die längsten Umwege zum Ziel gehen. Bilder eines symbiotischeren Verhältnisses zu der Natur zu schaffen, die wir zwar beherrschen müssen, aber nicht in dem Maße, daß wir unserer eigenen Herrschaft über sie unterworfen werden.

Wichtig könnte sein, daß wir keine scharfen Grenzlinien zwischen der Natur und der Kultur von Menschen ziehen, sondern versuchen, unsere Entfaltung mehr als einen Teil des Prozesses der Natur zu sehen. Ich will ein weiteres Zitat aus *Das gemalte Zimmer* bringen, eine Beschreibung von Mantegnas Verhältnis dazu, sich in der Welt einzurichten und ein Haus zu bauen, beschrieben vom verblüfften, aber allmählich bewundernden und einsichtigen Sekretär des Hofes:

»Das Wahrscheinlichste ist wohl, daß das Haus nie fertig wird.

Der Plan war, daß über den Atriumhof eine Kuppel gewölbt werden sollte, aber das hat Andrea schließlich aufgegeben und hat statt dessen ein Marmorbecken zum Auffangen von Regenwasser und Schnee aushauen lassen.

Nur ein paar von den fünfzehn Zimmern haben vollständige Trennwände und Türen. In dem einen wohnt die Haushälterin. Das andere steht meistens leer. In dem übrigen Haus ist nur angedeutet, wo man sich die Grenzen der einzelnen Räume denken soll, mal mit etwas halb hochgezogenem Mauerwerk, mal mit ein paar Säulen, in den meisten Fällen aber mit einer Zusammenhäufung von Skulpturen, Antiquitäten und Pflanzen.

Die Pflanzen gedeihen hier drinnen fast besser als draußen. Im Sommer dringen sie ungehemmt durch die Außenmauer auf der Gartenseite und suchen Schatten und Kühle von den weißgekalkten Räumen.

Dennoch arbeitet Andrea unermüdlich weiter an diesem Kunstbau und gibt alles, was er hat, für Marmor, für Farbproben, für Glasuren und Brennöfen aus, für das Schmelzen von Metall und für Ziselierarbeit und für die tüchtigsten und lebensnächsten Handwerker. Diese Geduld kommt ihm teuer zu stehen.

Ich sage nicht: ich hoffe, daß das Haus nie fertig wird. Ich sage es nicht, aber ganz zuinnerst ist es genau das, was ich hoffe. Diese verschleierten Übergänge zwischen Kunst und Natur ziehen mich an, und wenn ich sehe, wie es den jungen Studierenden, die hierherkommen, um Zeichnen und Vertiefen (Perspektive) zu lernen, besser gelingt, die Blattranke abzumalen, die sich um den Fuß der Säule windet, als die Säule selbst, die wiederzugeben sie aufhaben, dann ergötze ich mich inniglich. Und wenn ich sie Blumen und Früchte mit verschiedenen Arten gefärbter Steine verwechseln sehe, dann ergötze ich mich über die Maßen. Dann sehe ich, wie stark die physische Welt ist, wenn sie sich quer zum wohlerzogenen Bewußtsein des Künstlers offenbart.«

Das könnte so klingen, als ginge der Traum darauf aus, von vornherein eine Ruine zu bauen. Ein Traum davon, ein Paradies einzurichten, das nicht verloren werden kann, weil es von vornherein verloren ist. In jeder beliebigen Diaspora schon das Paradiesische sehen. Als könnte es möglich sein, die irreversible Zeit dadurch zu verzögern, daß man Bilder vom Triumph der Vergänglichkeit im Alltagsleben installiert.

Der Raum des Vergleichs

In diesem Alltagsleben leben wir im Raum des Vergleichs. Hier gibt es nichts, was ausschließlich auf sich selbst hinweist. Hier wird alles ständig auf etwas anderes hinweisen, das wieder auf etwas anderes hinweisen wird usw. Der Apfel ist grün, sagen wir, aber es wäre gar nicht notwendig, den Apfel grün zu nennen, wenn der Apfel das einzige Grüne in der Welt wäre. Der Apfel ist nur grün, weil es im Raum des Vergleichs so viel Grünes gibt, daß wir gezwungen sind, das Wort grün zu erfinden, damit wir uns überhaupt orientieren, d. h., damit wir vergleichen können.

Auf dieselbe Weise ist der Apfel rund wie alles in der Welt, was rund ist: der Mond, die Erde, die Sonne, und nicht einmal die Sonne, die sonst alle Prozesse im Raum des Vergleichs lenkt und verteilt – nicht einmal die Sonne steht mit ihrem Rundsein alleine da, auch die Sonne ist nur rund, wie so vieles andere rund ist: der Apfel, die Pupille, die Qualle usw.

Im Raum des Vergleichs gibt es deshalb nur Umwege. Unaufhörliche Bewegungen von grün zu grün, von rund zu rund usw., die niemals z. B. das Runde oder das Grüne zusammenfassen können.

Dennoch sind wir Menschen so eingerichtet, daß wir unser Leben dafür einsetzen, diese Bewegungen im Raum des Vergleichs zu vorübergehendem Stillstand zu bringen, damit wir einen Überblick über die beunruhigenden Umwege bekommen können. Am besten gelingt das vielleicht nicht denen, die der Wahrheit am nächsten kommen, sondern denen, die im Lichte eben der Wahrheit, der sie näherzurücken glauben, so viel Material zusammenbringen, daß die Wahrheit wieder ferner rücken kann. Aber eigentlich heißt das ja bloß, daß das Leben im Raum des Vergleichs reicher geworden ist.

Zur Zeit hört man bisweilen, die Geschichte sei vorbei. Vielleicht ist sie aber nur dabei, erstmals in den Raum des Vergleichs einzutreten. Vielleicht werden wir unsere Geschichte in sich selbst zurückfalten können, um zu sehen, ob es in ihren labyrinthischen Gängen Wiederholungen gibt, die darauf hindeuten, daß auch die Geschichte sich im Raum des Vergleichs abspielt. Falls dem so ist, sollte sie nicht nur umgeschrieben werden, nein, dieses Umschreiben sollte permanent sein und damit bedeuten, daß die Geschichte nie abgeschlossen werden könnte, weil sie ein für allemal im Raum des Vergleichs eingeschlossen wäre.

Rasmus Rask im Paradies

»Seinem Vaterland ist man alles schuldig, was man ausrichten kann.« Mit dieser im Grunde heldenmütigen Äußerung wird man natürlich ohne weiteres kein Held – wie man im übrigen nie etwas wird, und auch kein Held, bloß indem man sich äußert. Man wird es erst, wenn man seine Wahl trifft und das Leben dadurch rettet, daß man es verliert. Daß man es ins Unendliche weggibt, daß man daraus schöpft, so als müßte man niemals sterben; gerade weil man sterben muß. Daß man »alles, was man ausrichten kann«, schuldig ist.

Der Satz steht auf dem Gedenkstein, der für Rasmus Rask in Brændekilde auf Fünen errichtet worden ist, wo er geboren wurde.

Und es ist kein Satz, den eine heldenverehrende Nachwelt erdichtet hat. Es ist im Gegenteil ein Satz aus einer konkreten Situation, eine Erwiderung von Rasmus Rask, als ihm nach seiner ersten, auch internationalen Anerkennung als Sprachforscher eine feste Stellung an der Universität Edinburgh angeboten wurde, er aber Kopenhagen vorzog.

Kopenhagen, das es dafür vorzog, ihm keine feste Stellung zu geben. Jedenfalls keine, die eine unmittelbare Grundlage für das sein konnte, was er als seine Lebensaufgabe empfunden haben muß.

Nun ist es ja keineswegs ausgeschlossen, daß man in einer festen Stellung ein Held werden kann. Es kann aber schon ziemlich schwer zu schaffen sein, so wie die Gesellschaftsverhältnisse in der Regel bestimmen, daß nicht einfach Geld an etwas gegeben werden kann, das nicht schnell das Geld zurückgibt. Das ist so einfach und ewig, und was das Wort »Held« angeht – bestimmt hat der leidenschaftliche Spracherforscher Rasmus Rask gewußt: Daß ein Held in allen europäischen Sprachen »eine tapfere Person« ist (in fester Stellung oder nicht), daß aber das Wort »Held« außerdem seine Wurzeln im Altnordischen hat (und im Isländischen, das Rasmus Rask liebte), wo es einen »freien Mann«, *holđr*, bedeutet und damit Verbindung hat zu Wörtern wie »hold« und »schön« und also zur Schönheit der Weltschöpfung, zu der in Verhältnis zu stehen weder die Forschung noch die Kunst umhinkann.

Dieser Held hat deshalb auch seine verzweifelten Augenblicke wie den, als Rasmus Rask 1812 von einer Sprachreise nach Schweden zurückkehrt und schreibt: »Als ich zu meinem dunklen kleinen Loch in der Regens zurückkam, kehrten sogleich die alten Vorstellungen wieder, ja sogar meine Backe wurde wieder schlecht, und ich bin in diesen Tagen wie halb krank gewesen ... Ich glaube, daß ich in meinem Vaterland nie gedeihen kann, zumindest komme ich kaum in eine Stellung, in der ich mich ruhig und vergnügt befinden kann, ehe eine alles verbitternde Melancholie sich in der Seele festgesetzt hat, es sei denn, es gelingt mir vorher, weit weg zu einem fernen Land zu fliehen.«

Rasmus Kristian Rask wurde am 22. November 1787 geboren. Den zweiten Vornamen legte er 1812 nach einer theologischen Diskussion mit seinem Freunde Bjarni Thorsteinsson ab. Das Gespräch endet gegen Mitternacht, aber schon am nächsten Morgen erhält Thorsteinsson, was er »einen langen und meisterlich abgefaßten Brief« nennt, »ein Plädoyer gegen den Theismus, einen persönlichen Gott und überhaupt eine Vorsehung«. Sogleich danach tilgt Rasmus Rask den zweiten Vornamen Kristian, »damit keinerlei Überbleibsel von etwas Christlichem oder Jüdischem (!) an mir klebe«.

Daß es so gründlich getan werden mußte, hängt damit zusammen, daß Rask in einem Häuslerheim aufgewachsen war, »einem erdlosen Haus«, wie er selber es nennt, wo der Vater, der nicht Schuhmacher, sondern Schneider war, den Katechismus mit ihm paukte. Rask hatte offenbar einen angeborenen

Widerwillen dagegen, eine Welterklärung als etwas Vorgegebenes aufgetischt zu bekommen, eine Art Forscherinstinkt, der geschärft wird, als er im Juni 1801 in die Lateinschule von Odense eintritt.

Das geschieht zu einem Zeitpunkt, als die Schulreform Unterricht in Mathematik, Naturkunde, Geographie und Geschichte einführt, in der Muttersprache und in neueren Sprachen, neben Latein, Griechisch und Hebräisch. Die Lehrer der Schule, die selber Forscher und Verfasser von Lehrbüchern waren, bekommen auf Rasks Schicksal entscheidenden Einfluß. »Niemals hat wohl eine Schulprämie reichere Früchte getragen als die ›Heimskringla‹, die sein Rektor ihm als Belohnung für seinen Fleiß schenkte ... Ohne eine isländische Grammatik oder ein Wörterbuch machte Rask sich daran, aus dem Text und der Übersetzung die Sprachlehre abzuleiten ...« (Otto Jespersen: *Rasmus Rask*. 1918).

Von da an war Rasmus Rask Sprachforscher. Ein rastloses Arbeitstier, zugleich aber ein rastloser Träumer, mit ungewöhnlichen Erwartungen an die Zukunft. Der Vater hatte zwar den Grund zu seinem Widerwillen gegen das Religiöse gelegt, hatte in ihm aber auch den Grund zu einem Willen über das Gewöhnliche hinaus gelegt. Wie so viele Schneider war er ein glänzender Erzähler, der es besonders liebte, von seinen eigenen (oder anderer) mehr oder weniger erdichteten Heldentaten im kriegsverwüsteten Europa zu berichten.

Rasmus Rask hatte seine eigene Antwort auf die Frage, was eine wirkliche Heldentat sei. Mit seinen Schulkameraden zusammen arbeitete er an einem großen Plan, nach Neuseeland zu reisen. Dort würden sie eine Idealrepublik gründen, und die Sprache der Republik würde Isländisch sein, nichts weniger.

Für Rask werden diese übermütigen Jugendträume später Wirklichkeit, nur nicht gerade auf die Art und Weise, wie sie erst geträumt waren. Aber er wird isländisch sprechen, und er wird eine Idealrepublik gründen, bestehend nicht aus der inneren Zusammengehörigkeit verschiedener Menschen, sondern der indoeuropäischen Sprachen. Und dann geht er auf Reisen.

Die erste Reise führt nach Island, von 1813 bis 1815, und man bekommt das Gefühl, daß Rasmus Rask sich dort in seinem eigenen Vaterland befindet und daß es eigentlich dieses Isländische ist, dem er alles schuldig ist, was er ausrichten kann.

In den Briefen aus Reykjavik merkt man auch die grundlegende Ausbildung in Naturkunde, die er bekommen hat.

U. a. hat er Cuviers Lehrbuch der Tiergeschichte gekannt (geschrieben zum Gebrauch für die neuen republikanischen und rationalistischen Schulen in Frankreich). Darin wird zwischen »besonderer und allgemeiner Naturgeschichte« unterschieden. Die besondere Naturgeschichte enthält Einzelbeschreibungen aller sinnlichen Eigenschaften an bestimmten Phänomenen oder »Körpern« und ihrem wechselseitigen Verhältnis und ihren Veränderungen.

»Die allgemeine Naturgeschichte (dagegen) betrachtet alle natürlichen Körper und das gemeinsame Ergebnis all ihrer Handlungen in der großen ganzen Natur unter einem einzigen Gesichtspunkt. Sie bestimmt die Gesetze für die *Mitexistenz* ihrer Eigenschaften (...). Sie kann ihre Vollkommenheit nicht erreichen, bevor man vollständige gesonderte Geschichten von allen natürlichen Körpern hat.«

Dieses selbe Unterscheiden und dessen äußerste Forderung nach Vollkommenheit sind es, was für Rask als Sprachforscher bestimmend wird. Selber schreibt er, daß »die Sprache ein Naturgegenstand ist und die Kenntnis davon der Naturgeschichte ähnelt« – und man kann denn auch sagen, daß er arbeiten wird wie ein Linné der Sprache, der sich in eine nicht zu bewältigende, unüberblickbare Klassifizierung von allen Sprachen der Welt stürzt, um zu einer übergeordneten Beschreibung ihrer Verwandtschaft vorzudringen.

Eine Arbeit, die der entspräche, ganz alleine wieder einen

Turm zu Babel zu bauen, sozusagen all die Sprachen zusammenzubauen, die Gott seinerzeit verwirrte, als er herniederfuhr, so daß die erste Zeit für immer vorbei war, die Zeit, da »alle Welt einerlei Zunge und Sprache« hatte.

Schon hier, während der Reise nach Island, regt sich der Plan, »die nordischen Sprachen in ihren ältesten Quellen aufzuspüren«. Und mit Rasks Veranlagung für das Sammeln und Systematisieren von Material ist er damit von Anfang an seinem tollkühnen Lebensprojekt verhaftet.

Er ist nämlich nicht derjenige, der eine Theorie entwirft und es dann anderen überläßt, sie bestenfalls zu beweisen; nein, er selber ist derjenige, der Stein für Stein umdreht, stillschweigend überzeugt davon, daß sie Steine aus demselben Felsen sind, Wörter aus demselben sprachlichen Naturgegenstand, an dessen ursprüngliche Quelle er gelangen will.

An seiner rationellen Art, mit dem Traum umzugehen, liegt es, daß es eine lange und beschwerliche, ja unmögliche Rückreise zu der ersten Quelle wird.

Man merkt es, wie gesagt, in den Briefen aus Reykjavik. Es kann für den Uneingeweihten schwierig sein, seine Sprachbeschreibungen zu lesen, aber die Arbeitsmethode enthüllt sich, auch für den gewöhnlichen Leser, in Rasks Landschaftsbeschreibungen. Genauso minutiös, als beschriebe er Sprachphänomene, deckt er in Details Felsengrund, Pflanzenwuchs, den Charakter der Steine, das Sprühen der Geisirstrahlen und ihre Wirkung auf die gesamte Landschaft auf. Ja, es ist wirklich so, als wollte er jeden Stein auf Island umdrehen, ehe er seine Beschreibung gibt.

Zugleich aber schafft er es auch, vom Angenehmen – und vom Abenteuerlichen – in einem Alltag zu erzählen, wo alles Beschwerliche eine Selbstverständlichkeit ist, nicht nur so, wie Rask eingerichtet war, sondern auch so, wie die Welt eingerichtet war: »Zwei kleine, aber höchst angenehme Ausflüge habe ich gemacht; den ersten hinauf nach Kjosarsyssel zu

Arne Helgesen, wo ich eine Woche war. Seine Pfarre ist, was das Haus betrifft, kaum so bequem und gut, wie das erdlose Haus meines Vaters auf Fünen war. Es hat Erdwände und ein Torfdach, keinen Kachelofen; das Feuerhaus (die Küche) liegt für sich und ist, genauso wenig wie unsere Waschküchen, als Studierkammer geeignet. Aber er hat eine treffliche Büchersammlung und benutzt sie, hat auch etliche Studierende bei sich, die er im Winter unterrichtet ...«

Rask sollte indes bald unter weitaus strapaziöseren Umständen übernachten und studieren als denjenigen, die er hier beschreibt. Und mit der Zeit wird er auch »etliche Studierende bei sich« bekommen.

1814 ist er zum Unterbibliothekar an der Universitätsbibliothek mit zweihundert Reichstalern jährlich ernannt worden, eine Bezahlung, die bestimmt nicht zur Finanzierung des Lebensprojekts ausreichte, das Rasmus Rask endlich für sich selbst formuliert hatte und damit auch in seinem Gesuch um Unterstützung einer längeren Forschungsreise: »den sehr umstrittenen Punkt zu untersuchen, wieweit die persisch-indischen Ursprachen, alte Religionen, Völkerstämme wirklich mit den Europäern verwandt oder als uns fremde anzusehen sind«.

Das mit den alten Religionen und Völkerstämmen hat Rask wahrscheinlich hinzugefügt, um den bewilligenden Behörden genehm zu sein. Für die war der Zweck der Reise nämlich das Exotische, all das verwunderlich Fremdartige, das Rask nach Hause holen und beschreiben sollte. Für Rask selbst war der Zweck durchaus unexotisch. Er träumte ja gerade davon, zum Nicht-Fremden vorzudringen, zu der grundlegenden Verwandtschaft, der sprachlichen, wohlgemerkt.

Dieses Schisma zwischen Rasks eigenen Erwartungen und den Erwartungen der Geldgeber macht am Ende auch Rask zu einem tragischen Helden. Seine eigenen Erwartungen erfüllt er nur teilweise. Und obwohl er unschätzbare indische Manuskripte nach Hause mitbringt, erfüllt er gar nicht die

Erwartungen der Umwelt. Zwar erfährt er in einem Brief von den Finanz-Deputierten, »daß Seine Majestät der König mit allerhöchstem Wohlbehagen für seine große Bibliothek die Sammlung indischer Manuskripte erhalten hat, die der Professor (...) Seiner Majestät angeboten hat« – nur war es nicht exotisch genug und jedenfalls nicht genug. Er soll natürlich erzählen, was er erlebt hat. Er soll zeigen, was er herausbekommen hat. Aber beides tut er nicht auf direkte Weise. Um es mit Cuvier zu umschreiben: Die allgemeine Sprachgeschichte (...) kann ihre Vollkommenheit nicht erreichen, bevor man vollständige gesonderte Geschichten von allen natürlichen Sprachen hat.

Und zwar ist Rasmus Rask an der Quelle gewesen, aber noch steht aus, daß er einen Teil der sprachlichen Bäche und Flüsse kartiert, von denen er unterwegs Kenntnis erhalten hat.

Der Umweg zu dieser Tragödie führt über Indien und wird von 1816 bis 1823 dauern.

»Diese große Reise Rasks, die Europas Erwartung spannte« (so spricht sein Kindheitsfreund, N.M. Petersen, darüber in *Beiträge zur Lebensgeschichte Rasmus Kristian Rasks.* 1834) – diese Reise und das damit verbundene Reisegeld machten Rask zu einem freien Mann, sie zerrüttete aber auch seine Gesundheit, so daß er mit Schwindsucht und Verfolgungswahn nach Hause kam.

Die Reise beginnt am 25. Oktober 1816, als Rask in Kalmar an Bord der Galeasse *Sophia Magdalena* geht, und sie endet, als er im Mai 1823 auf dem dänischen Schiff *Juliane Marie* von Calcutta nach Hause kehrt.

Zwischen diesen beiden Stationen liegt eine ganz abenteuerliche Plackerei. Daß er überhaupt etwas anderes hat bewältigen können, als sich selbst und seine allzu große Sammlung von notwendigen Büchern und Manuskripten durch all die Unwegsamkeit zu transportieren, ist ein Rätsel. Daß er es aber auch geschafft hat, unterwegs so gründlich und genial zu arbeiten, das ist die eigentliche Heldentat.

Er kommt über Stockholm, Petersburg und Moskau. Durch das fast öde Land der Kosaken, durch das Land der Kalmücken, durch »die Wüstenei der Turkmenen, wo sie selten auf russische Häuser, aber hie und da auf Zeltstädte stießen«. Und es gibt massenhaft Strapazen und Widerwärtigkeiten, auch mit dem Wagen oder dem »Backtrog«, wie Rasmus Rask ihn nennt: »am besten ist es, auf dem nackten Erdboden zu schlafen, aber (...) es wimmelt hier derart von Kröten, Echsen, Schlangen und Spinnen (sogar Taranteln), daß ich mich auf keinerlei Weise dazu bequemen kann, auf dem Erdboden zu liegen (...). Eine Nacht schlief ich in einem Filzzelt, aber bald merkte ich, daß eine riesige Kröte auf mir herumkroch; da stand ich auf und ging aus dem Zelt, wäre aber sogleich fast auf eine getreten, die noch größer war.«

Er kommt nach Tiflis, wo er als Spion verdächtigt wird und einen verrückten Dänen, Shelinski, kennenlernt, der Sonne und Mond anbetet. Er versieht sich mit Waffen und zieht weiter mit der tatarischen Karawane, sieht den Ararat und erwähnt Naqhirvan, wo Noah der Arche entstieg. Weiter nach Teheran, Isfahan und Persepolis, von wo er über Krieg und Unruhen berichtet und erzählt, daß »von den Straßen der Stadt keine mit Peder Madsens Gang (in Kopenhagen) zu vergleichen ist« – und Peder Madsens Gang neben Kongens Nytorv war bestimmt nichts, womit man hätte prahlen können, denn noch im Jahre 1875 war er »finster, schmal und trostlos (...) und stand seit alters in dem Ruf, ein Versteck für viel Lumpenpack zu sein«.

Dennoch kommt er schließlich in Bombay, Calcutta, Madras, Trankebar, Colombo an. Nicht, ohne unterwegs Hindustanisch und Sanskrit, Zend und Pehlewi studiert und nicht, ohne gezeigt zu haben, daß die alte iranische Sprache Zend eine unabhängige indoeuropäische Sprache ist. Aber auch nicht, ohne in Gvalior zu bemerken, »daß er sehr in der Vermutung bestärkt wurde, wonach Odin und Buddha ein und derselbe sind«. Also aber auch nicht, ohne in jeder Weise krank und arbeitsunfähig zu werden und sich am Ende nach Hause zu wünschen: »fürchte, daß man das Wasser vergiftet hat«.

Dennoch muß man sagen, daß er auf seine eigene Art und Weise in dem Paradies gewesen ist, von dem alle Völker und Sprachen ausgegangen sind.

»Und heimgekommen ist jetzt mit guter Kunde
vom Ganges der junge Herr Tjalfe,
mit vielen Vorzeichen, die nur wenige kennen,
über den Weg von Zunge zu Zunge.

Heil dir, du Geist überm Königsstuhl,
der du ohne stählernen Handschuh danach strebst,
von Pol zu Pol auf der Erde zu siegen.
Heil dir, unser Holger der Däne!

Willkommen heim, du gescheiter Gesell,
von der kühnen Morgenlandfahrt.
Mit Vorzeichen von Pale und Pehlewi und Zend,
mit Beute von Riesen und Trollen.«

So schrieb Grundtvig anläßlich des großen Festes auf dem Schützenplatz, das Rasmus Rasks Freunde ihm bei seiner Heimkehr ausrichteten.

In seinen letzten Lebensjahren bekam er dann, mehr oder weniger selbstverschuldetermaßen, Feinde oder doch Gegner genug. Daß er aber auch viele Freunde und besonders viele treue und bewundernde Studierende hatte, das ist aus der folgenden Beschreibung seines Begräbnisses zu ersehen, die man nachlesen kann in Carl G. Christensen: *Rasmus Rask und was er hinterlassen hat.* Dänische Studien 1932:

»Rasmus Rask wurde von seiner Wohnung in der Badstuestræde 126 (jetzt Nr. 17) aus am 20. November begraben, und hier versammelte sich von nah und fern ein riesiger Zug, um ihn zu seiner letzten Ruhestätte an der niedrigen Friedhofsmauer draußen auf dem Assistens-Friedhof zu begleiten.

Da waren die Zimmer in seiner Wohnung mit Trauergardinen bezogen, auf den Fußböden, im Treppenhaus, auf der Straße außerhalb des Hauses war Grün gestreut, und der Leichenwagen stand vor dem Haustor bereit, um den blumengeschmückten Sarg zu übernehmen, wenn er die Treppe hinuntergetragen würde.

Aber der Leichenwagen mußte unmittelbar hinter der Kutsche des Universitätsleichenbitters, des Ersten Kustos Halvor Søeborg, leer herfahren, denn die Studenten, die sich in sehr großer Zahl eingefunden hatten, sowohl im Hause als auch außerhalb, wetteiferten darum, dem Verstorbenen die letzte Ehre zu erweisen, indem sie die Leiche durch die Straßen der Stadt zum nördlichen Stadttor trugen, wo sie in den Leichenwagen gelegt wurde, während die Studenten eine Ehrenwache bildeten, um bei der Ankunft am Friedhof wieder hinzuzutreten und die Leiche zum Grabe zu tragen.«

Nach diesem Bericht folgt eine Aufstellung, so genau, wie wenn Rask selber sie geschrieben hätte, eine Aufstellung all dessen, was er hinterlassen hatte – in genauem Geldwert –, von der Heumatratze und dem Unterbett bis zum Mahagonisekretär und der eisenbeschlagenen Truhe; von den roten Gardinen bis zum Waschtisch aus Birkenholz und den Spiegelkonsolen; von Regalen und Aberregalen und Büchern bis zu reellen Reichstalern. Und dann wird hinzugefügt, daß Rask »ohne Zweifel krankhafte Angst davor hatte, mit seiner Besoldung und seinen Stipendien als Bibliothekar und Universitätsprofessor in pekuniärer Hinsicht nicht auszukommen«.

Es kann schon sein, daß Rasmus Rask auf diese Weise selber dazu beigetragen hat, den Mythos von seiner eigenen Armut zu schaffen. Aber es sieht auch so aus, daß er selber daran geglaubt und danach gelebt hat. Aus Angst davor, zu sterben, bevor er alles ausgerichtet hätte. Eine Angst, die nicht unbegründet war. Am 14. November 1832, als er starb, war er trotz allem nur 44 Jahre alt und mußte sein Lebenswerk einer unbekannten Nachwelt überlassen. Vielleicht tat er es mit Zuversicht.

Jedenfalls schrieb er einmal für das Abiturjubiläum eines Freundes, Professor Nyerup, ein Gelegenheitslied, das so anfängt:

»›In hundert Jahren ist alles vergessen‹,
so mag das Sprichwort lauten;
wäre es aber die Wahrheit, dann wäre es schlimm,
Gott verbiete das gnädiglich.
Was wäre dann alles Streben auf der Insel der Welt
und Forschung und wackre Taten,
nein, der schwache und sündige Staub soll sterben,
das Edle ewiglich leben!«

Dieses Lied erlitt allerdings das Schicksal, daß es gar nicht gesungen wurde. Keiner der Teilnehmer an dem Fest wollte es nämlich singen, weil Rask den Buchstaben å benutzte!

Jetzt aber sind weitaus mehr als hundert Jahre vergangen, und weder das Kringel-å noch »Forschung und wackre Taten« sind vergessen. Im Gegenteil. Rasks Forschung ist der Hintergrund für die spätere internationale Durchschlagskraft der dänischen Sprachforschung gewesen. Aber das ist eine andere Geschichte. Dies sollte nur ein Beitrag zu der Geschichte darüber sein, wie Rasmus Rask seinem Vaterland im weitesten Sinne eine Muttersprache geschenkt hat und damit allen Sprachpflegern ein Wissen davon, daß wir zwar dänisch sprechen, zugleich aber mehr als nur dänisch sprechen – und dann kann dieses »mehr« seinem Wesen nach noch so babelsch sein.

Das Ende der Welt

Auf dem Wege zum Nordkap trifft man in Narvik auf ein Schild, das von Entfernungen und Sehnsüchten in der Welt erzählt.

Wenn man aus Rom, Paris oder Wien kommt, aus dem alten Kulturgürtel um Europa, dann ist man weit von zu Hause weg, 4168 km von Rom, 3257 km von Paris und 3525 km von Wien, und selber bin ich fern von Dänemark, 2072 km von dem Kopenhagen, wo es mir in meinem Alltag leicht widerfahren kann, daß ich mich nach irgendeiner äußersten Grenze sehne, nach einem Punkt auf dem Kontinent, der in das große waagerechte Nichts hinauszeigt – wenn man sich nun einmal nicht dazu eignet, senkrecht aufzusteigen und an das Schwindelgefühl auf dem Mount Everest zu rühren.

Das Nordkap liegt auf 71° 10' 21'' nördlicher Breite. In Wirklichkeit ist es nicht der nördlichste Punkt Norwegens (das ist die nicht so weit davon gelegene Skjellviksodde), aber es ist so dramatisch plaziert, wie ein Vorgebirge in der Welt es nur sein kann. Ein steil abstürzender Bergkoloß, dessen dunkler Gneis und Granit zuoberst eine vom Winde geschliffene Plattform ist, eine Tribüne so groß wie ein Rathausplatz, wo Menschen zwar umherspazieren können, aber nicht, ohne von der Unendlichkeit durchleuchtet zu werden, so daß, was eine Fotografie des lächelnden Touristen sein sollte, zurückbleibt als ein vorübergehender Umriß verschwindender Staubteilchen.

Diese ganze Empfindung von Überbelichtung rührt selbstverständlich auch daher, daß Sommer und Mitternachtssonne herrschen. Es ist, als könnte man die Neigung der Erde im Weltraum am eigenen Körper spüren. Hier steht man mitten an einem strahlenden Sommertag, der mehrere Monate vorher begonnen hat und noch mehrere Monate andauern wird. Und wenn man stehenbleibt, wird man zu gegebener Zeit langsam mit in die Winternacht einschwenken, wo das Dunkel Tag und Nacht das nächste halbe Jahr liegenbleiben wird.

Nicht so sonderbar, daß die ganze Finnmark wie die Landschaft der Extreme wirkt. So am Nordkap, so aber auch auf den öden Gebirgsweiten im Innern oder am Eismeer oder an der Barent-See draußen. Allenthalben dasselbe Gefühl, daß hier die Grenze unserer Menschenwelt verläuft. Ein Gefühl, das in dieser surrealistisch öden Vergangenheitslandschaft nur in dem Augenblick verstärkt wird, da man an ein paar kleinen Häusern und einer Kirche vorbeikommt oder draußen an dem letzten kleinen Postamt bei Grense Jacobselv gelandet ist, auf der Grenze zu Rußland. Ganz gleich, wohin man kommt, man ist ans Ende der Welt gelangt.

Als Kind wohnte ich während der ersten fünf Jahre in der Nähe eines Waldes, wo wir oft unseren Sonntagsspaziergang machten. Das Besondere war: wenn wir diesen stillen, von Licht flimmernden Buchenwald ganz durchquerten, bis da hinaus, wo er sich schließlich wieder öffnete, kamen wir ans Ende der Welt.

Damals glaubte ich selbstverständlich, dieser geheimnisvolle Fleck sei wirklich das Ende der Welt. Das einzige, das richtige. So also sah es dort aus. Ein schwellendes Getreidefeld zum Horizont hin, und hinter dem Getreidefeld war Schluß. Die Welt hörte auf, und nichts begann. Nichts, das war wirklich etwas!

Seitdem bin ich dahintergekommen, daß es das Ende der Welt in vielen Varianten ringsum gibt. Stellen, die jenes Besondere an sich haben, das die Leute in einer Gegend dazu bringt, sie zum Ende der Welt zu ernennen und sie als ein Bild für das aufzusuchen, was außerhalb liegt, jenseits all des Bevölkerten und Bekannten.

In der Regel sind es Örtlichkeiten am Meer, am liebsten gegen Westen, zum Sonnenuntergang hin, aber selbst tief im

Landesinnern besteht offenbar ein solches Bedürfnis danach, ans Ende der Welt zu gehen, daß jede beliebige Landschaft brauchbar ist, sogar der flachste Wiesenstrich. Wenn wir nur hinauskommen und auf das reine Nichts treffen können. Nichts als Gegensatz zu etwas. Eher als etwas in sich selbst. In uns selbst.

In seiner Geschichte *Die Glocke* erzählt Hans Christian Andersen, warum und wieso es derart um uns steht. »Abends, in den engen Straßen in der großen Stadt, wenn die Sonne unterging und die Wolken wie Gold oben zwischen den Schornsteinen schienen, hörte bald der eine, bald der andere ein merkwürdiges Geräusch, wie den Klang einer Kirchenglocke; aber nur einen Augenblick war es zu hören, denn es war ein solches Gerumpel mit Wagen und ein solches Gerufe, und das stört.«

Im Laufe der Zeit begeben sich dennoch viele aus der Stadt hinaus, um die Glocke zu finden, aber was sie finden, sind alle möglichen guten Entschuldigungen, wieder nach Hause zu gehen, und eigentlich sind die meisten überzeugt davon, daß die Glocke gar nicht vorhanden ist, sie ist nur etwas, das die Leute sich einbilden.

Nur zwei geben nicht auf. Der reiche Königssohn und der arme Knabe. »Die Glocke will und muß ich finden, und wenn ich bis ans Ende der Welt gehen müßte!« sagt der Königssohn. Jeder für sich geht immer tiefer in den Wald hinein, aber bei Sonnenuntergang treffen sie auf einem Felsen zum Meer hin zusammen, wie zwei Seiten desselben Wesens. Der Reiche, der alles hat und deshalb nur dieses Eine gewinnen kann. Der Arme, der nichts hat und deshalb nur dieses Eine verlieren kann:

»Das Meer, das herrliche große Meer, das seine langen Wogen gegen die Küste wälzte, dehnte sich vor ihm aus, und die Sonne stand draußen wie ein großer schimmernder Altar, dort, wo Meer und Himmel aufeinandertrafen, alles verschmolz in glühenden Farben, der Wald sang, und das Meer sang, und sein Herz sang mit, die ganze Natur war eine heilige große Kirche …«

Die Natur als eine heilige Kirche. Das klingt allzu romantisch und feierlich. So kann man sich bestimmt nicht ausdrücken, heute, da noch mehr Gerumpel mit Wagen ist und Gerufe, das stört.

Aber warum nicht? Das Gefühl, das ja selbst ein Teil der Natur ist, hört ja wohl nicht zu existieren auf, bloß weil wir es nicht ausdrücken. Und noch immer gibt es ja Menschen, die bereit sind, ans Ende der Welt zu gehen, auch jetzt, da es sich außerhalb des globalen Dorfes befindet. In welche Richtung aber sollen sie gehen? Kann man überhaupt aus einem Dorf hinauskommen, das global ist?

Die Welt ist klein geworden, sagen wir. Aber das ist sie ja eigentlich nur deshalb, weil wir sie dazu abgegrenzt haben, die Welt von Menschen zu sein. Die Welt außerhalb, hier auf der Erde wie auch zwischen den Sternen draußen, ist ja größer und mannigfaltiger geworden, als wir jemals vorher haben sehen können und zu glauben gewagt haben.

Klein geworden ist unsere eigene exklusive Menschenwelt. Weil sie sich mit ihrem Dorfbewußtsein auf Kosten dessen ausgebreitet hat, was außerhalb liegt. Hier sitzen wir alle zu Millionen in dem ewigen Wohnzimmer von CNN und lauschen ausgewählten Bewohnern, vorzugsweise Politikern und anderen Experten, die unermüdlich erklären, wie es mit den Formen menschlichen Zusammenseins ringsum steht. Nur wenn eine Pause entsteht, vielleicht ein Fehler in der Verbindung zwischen dem Redefluß und den Ereignissen, werden Bilder dessen gezeigt, was außerhalb liegt, kurze Ansichten von Sonnenuntergängen, Schwanenflug, Sonnenblumen und ähnlichem, vielleicht eine Maus, die so lebt, wie sie immer gelebt hat.

Selbstverständlich können wir das Programm aus dem globalen Dorf abschalten. Bloß hört es deshalb nicht zu existieren auf.

Deshalb möchte ich vorschlagen, daß das üppige Straßenschild in Narvik nachgeahmt und in den jeweiligen europäischen Hauptstädten aufgestellt wird, mit Beschriftungen wie: 4840 km zum Nordkap, 4031 km bis Karaschok und 4576 km bis Boris Gleb, oder wie weit es nun ist. Denn dort, in Rom und Paris, in Wien und Kopenhagen, und vielleicht besonders in Brüssel und dem CNN-Dorf, dort tut uns zu wissen not, wie weit es bis ans Ende der Welt ist.

Der Schatten der Nacht

Es ist Mitternacht, und ohne weiteres verlängern wir den einen Tag in den andern hinein. Bewegen uns Nacht für Nacht in dasselbe weitläufige Grenzgebiet, wo der Wald, der sich vor uns befindet, nie so recht ein anderer ist als der, der hinter uns verschwindet, und wo es uns gerade nur gelingt, den weißen Schimmer des Schlagbaums zu erfassen, der zeigt, daß es auf der einen Seite 24.00 und auf der andern 0.00 Uhr ist, ehe wir im Vorbeifahren den alten Tag in den neuen hineinbefördert haben, so daß wir nie für einen Augenblick Ruhe, nie einen einzigen Augenblick außerhalb der Zeit bekommen.

Warum auch mit dem Gedanken spielen, die Zeit müsse genau um Mitternacht stillstehen. Wie sie auch zu Silvester um Mitternacht noch stiller stehen müsse als sonst. Die Zeit steht bekanntlich nie still. Jedenfalls nicht von selbst. Aber mit etwas Glück kann der Zeit, der natürlichen, mechanischen, vereinbarten Menschenzeit, in andere Zeitrechnungen hineingeholfen werden, so daß man von Zeit zu Zeit erleben kann, wie es wirklich wäre, wenn die Zeit stillstände. Nicht zu einem geplanten, vorausberechneten Zeitpunkt. Eher indem man sich durch einen Zufall in eben den Zufall so vertieft befindet, daß man Zeit und Ort vergißt, sich selbst vergißt, ja geradezu den Unterschied zwischen sich selbst und der umgebenden Welt vergißt.

Man steht vielleicht gerade eines Nachts still im Wald, auf dieselbe Weise, wie die Bäume stillstehen. Man hebt seine Hand, wie der Wind ein Blatt hebt. Man lauscht seinem eigenen Rascheln wie dem seiner Mitgeschöpfe, seinem eigenen Atmen wie dem des Waldes. Man ist in eine andere Art von Zeit eingetreten, eine Zeit mit so langsamen Umdrehungen, daß man an seinem Körper unmittelbar spürt, wie die Zeit stillsteht. Nie in seinem ganzen Leben hat man so lange Minuten erlebt wie die in der Waldzeit. Aber wenn man nachher auf die Uhr schaut, ist die Zeit, die eigene, wie üblich vergangen, ja verflogen, auf ewig verschwunden in die sonst so unzugängliche Zeit hinein, die stillsteht.

Eigentlich haben wir also ein sehr flexibles Verhältnis zur Zeit. Wir können in sie hinein- und aus ihr hinausgehen, wie es uns paßt, und sie nach Belieben kurz oder lang machen. Wir können sie dazu bringen, davonzurasen, so daß wir nachher gar nicht wissen, wo die Zeit geblieben ist, oder dazu, sich derart hinzuschleppen, daß zwei armselige Stunden unweigerlich als eine Ewigkeit empfunden werden. Wir können alles nach dem Uhrenschlag tun, oder wir können unserem eigenen Rhythmus folgen und nur ab und zu nachschauen, was die Uhr geschlagen hat. Wir haben zwei grundlegende Strategien: wir behalten die Zeit im Auge, oder wir überlassen die Zeit sich selbst; diese Strategien vermischen wir, so daß die Zeit ihr Tempo den Wanderungen des Bewußtseins im Raume anpaßt. Die Zeit wird dadurch selber zu Raum, zu einer langen Reihe größerer oder kleinerer Räume, die bewirken, daß Leben und Ereignisse mehr ausmachen, als sie in einer nur chronologischen Aufzählung täten.

Es ist also wohl nicht die Zeit, die natürliche, die Zeit, die wir entdeckt haben, was uns nie für einen Augenblick Ruhe bekommen läßt. Sie stellt uns bereitwillig frei, läßt uns an Stellen treten, wo es möglich ist, so zu tun, als könnte man von ihnen aus das Ganze betrachten, wenn nicht ganz von außen, so doch von Stellen aus, die im Verhältnis zueinander so veränderlich wandelnd sind, daß ein Gespinst von Zeit entsteht, eine Illusion von Überblick über das Netzwerk, in das wir eingefangen sind. Und diese Illusion sind unsere kleinen Augenblicke von Ruhe.

Es ist also nicht die Zeit, woraus wir nicht versuchsweise hinauskommen können. Genauer gesagt, ist es wohl das Leben. Das Leben, unser eigenes, das uns nie für einen Augenblick Ruhe gönnt. Und Gott sei Dank dafür, werden wir jederzeit sagen. Aber warum dürfen wir nie sehen, was außerhalb ist? Wenn wir nun einmal so eingerichtet sind, daß wir an etwas denken, das außerhalb all dessen liegt, woran wir sonst denken, als an irgend etwas außerhalb all dessen, das wir kennen. Liegt es vielleicht daran, daß der Tag und das Licht uns nie so recht loslassen können? Daß wir Kinder des Lichts sind, wie es zweifellos in einem Kirchenlied heißt. Daß ganz einfach, einleuchtender als alles andere, der Tag mitten in der Nacht beginnt.

Oder der Tag hält bloß die Nacht hindurch an, hinein durch unsere Träume, wo immer so viel Licht ist, daß wir sehen können, was vor sich geht. Und wenn wir erwachen, müssen wir feststellen, daß der Tag die ganze Nacht in Gang gewesen und daß alles von selbst weitergegangen ist. Die Nacht ist also bloß der Beginn des Tages, so wie der Winter der Beginn des Jahres ist. Und ob man nun ein Zwiebelgewächs unterm Schnee oder ein Kind in seinem Bett ist, immer kann das Licht hereindringen, solange wir leben. Und solange wir leben, läßt es sich auch nie wegdenken, das Licht.

Dennoch können wir eine Vorstellung davon haben, daß wir in Gedanken oder im Schlaf ab und zu eine andere Art von Nacht streifen. Eine Nacht, die jenseits der Nacht ist, die wir kennen. Eine Nacht jenseits allen Wissens, all des Unterschiedenen und Erklärbaren, aber auch jenseits des Unbewußten, des Unbestimmten, der Angst und all unserer Illusionsbilder. Eine Nacht, die uns wegdenkt, werden wir vielleicht etwas benachteiligt sagen. Jedenfalls eine Nacht ohne Licht, ohne Unterschiede, ohne all das, dem wir sonst Namen geben, eine Nacht, definiert durch die Abwesenheit von allem. Und dann kann es schon sein, daß dies »alles« seine eigene Abwesenheit umfaßt.

Nun ist es nicht nur so, daß der Tag mitten in der Nacht beginnt, sondern auch so, daß die Woche sieben Tage, aber acht

Nächte hat. Alle Tage sind also von Nächten umgeben. Aber selbst diese umgebenden Nächte sind nicht die eigentliche Nacht. Die Nacht vor der ersten Nacht. Und die Nacht nach der letzten Nacht.

Wie die Griechen es sahen, war die Nacht eine Tochter des Chaos und die Mutter von Himmel und Erde. Die erste Nacht, die ursprüngliche Nacht der Chaostochter, hat deshalb sehr wenig, und vielleicht nichts, gemein mit den gewöhnlichen irdischen Nächten, die wir jetzt kennen und die wir als zivilisierte und aufgeklärte Kinder einer Mutter betrachten müssen, der bereits als Kind vom Chaos die Rolle der Nacht zugeteilt wurde, der ursprünglichen, der schwarzen, derjenigen, über die wir nichts wissen und auf die wir deshalb ab und zu bloß zeigen, wie Malewitsch, wenn er auf das Schwarze als ein Viereck zeigt.

Dieses Schwarze, diese absolute Nacht, ist auf der Grenze zu und außerhalb der Reichweite unserer Sinne angebracht. Das Schwarze ist zwar die Summe aller Farben, zugleich aber die Abwesenheit der Farben. Vom Nackten, vom Strengen, vom Öden, vom Leeren zu sprechen, wäre allzu menschlich, allzu weiß und hoffnungsvoll. Das Schwarze ist schwärzer; *»wie ein Nichts ohne Möglichkeit, wie ein totes Nichts nach dem Erlöschen der Sonne, wie ein ewiges Schweigen ohne Zukunft und Hoffnung klingt innerlich das Schwarz«*, sagt Kandinsky. Und ein Maler muß es ja wissen.

Ein anderer Maler, der vielleicht nicht soviel über das Schwarze philosophiert, der aber dennoch gewußt hat, daß der Hintergrund aller Bilder die absolute Nacht ist, das ist René Magritte, der wieder und wieder das Doppelspiel des Nichts mit den alltäglichsten Dingen abmalt und der Abwesenheit und Anwesenheit labyrinthisch ineinandergehen läßt.

Ich sitze und betrachte ein Bild von Magritte. Im Vordergrund die schwärzeste schwarze Erde, von der aus ein Baum, ein unbestimmbarer pappelartiger Baum, einen länglichen

Kegel in die Luft errichtet. Im Mittelgrund ein Abschnitt zugeschotteter dreigeschossiger Häuser, die genauso schwarz wären wie der Vordergrund, wären sie nicht, auch auf Grund einer altmodischen Straßenlaterne, gerade so sehr beleuchtet, daß man sie als dunkelgräuliche, blaugrüne Geschöpfe sehen muß, die voller Geheimnisse scheinen. Viele schlafende Geheimnisse hinter den geschlossenen Fensterladen und, vielleicht beunruhigender, auch wachende Geheimnisse hinter den zwei letzten Fenstern, wo die Läden noch offenstehen. Aus ihnen strahlt ein goldenes Licht, das genausogut Sonnenaufgang wie Sonnenuntergang sein kann. Hinter den Häusern noch ein Packen schwärzliches Gebüsch wie ein Saum gegen den Himmel.

Das ganze Bild atmet Nacht. Nicht ohne Beunruhigung, aber Nacht und abermals Nacht. Dennoch hat Magritte es *Das Reich der Lichter* genannt. Und dazu ist er natürlich berechtigt und hat recht damit. Denn der Himmel über der schwärzlichen Erde und ihrem pappelartigen Baum, über den gespensterhaften Häusern mit ihrer von der Kultur angebrachten Beleuchtung, der Himmel über diesem ganzen nächtlichen Arrangement ist ein heller Sommerhimmel, blaßblau mit ziehenden Wolken, an die sechzehn, siebzehn gleichartigen zottigen Wolken wie diejenigen, die man von den Malern der Renaissance kennt. Mag Nacht also ruhig Nacht sein, dennoch ist überall Tageslicht.

Es ist ein Motiv, das Magritte in verschiedenen Versionen gemalt hat, mit einem größeren oder geringeren Grad von nächtlichem Dunkel, dem einverständiges menschengeschaffenes Licht beigemischt ist, aber stets mit diesem Prototyp von europäischem Sommerhimmel darüber. Er selber schreibt, er habe in *Das Reich der Lichter* bloß »die Dinge« dargestellt, »von denen ich die Idee hatte, das heißt, ganz genau, eine nächtliche Landschaft und ein Himmel, wie wir ihn am hellichten Tage sehen. Die Landschaft evoziert die Nacht, und der Himmel evoziert den Tag. Diese Evokation der Nacht und des

Tags scheint mir mit der Macht begabt, uns zu überraschen und uns zu entzücken. Ich nenne diese Macht: Poesie.«

Ein Kunstgriff also. Einer, der vielleicht auf der Hand liegt, weil es auch in der Welt der Wirklichkeit so ist, daß der Himmel, besonders um Mittsommer, erstaunlich hell sein kann über einer Landschaft, die bereits von Zwielicht erfüllt ist, ja er kann sogar an einem mondbeschienenen Winterabend wie eine geschlossene Kuppel aus Licht über Straßen mit Dämmerung und zunehmender Düsternis stehen.

Magrittes Himmel aber ist heller als der Himmel in einer Sommernacht. Er ist der Himmel um zwei Uhr am Tage und nicht um zwei Uhr in der Nacht, wenn es bestenfalls hell wird. Magrittes Himmel ist konstant. Er ist der hellste, den es gibt, und ungeachtet des Zeitpunkts mit Wolken bevölkert, deren Gestalten wir so liebevoll wiedererkennend studieren. Magrittes Himmel ist unser eigener lieber Sommerhimmel, wenn wir als Kinder rücklings im Grase liegen und die Gedanken schweifen und die Wolken uns an alles mögliche zwischen Himmel und Erde erinnern lassen. Das Hellste vom Hellen, das endlos Offene, aber in Magrittes Version etwas, das nachts vor sich geht, in Abstufungen von Dunkel und untergründigem Verlies. Eine richtige Gruselnacht, wo schlechthin alles geschehen kann und schlechthin alles vielleicht geschieht. Bloß entdeckt es niemand, weil der Himmel konstant völlig klar ist und das Dunkel und alle Taten des Dunkels so überbelichtet, daß sie nie entwickelt und gesehen werden können.

Magritte hat sein Bild *Das Reich der Lichter* genannt, paradoxerweise, weil er selber, wie auch der Betrachter, an die Nacht gedacht haben muß. Auf Grund dieses Paradoxes – Nacht und Tag in einem gleichzeitigen Erlebnis – werden Magrittes Gemälde in der Regel surrealistisch und nicht sehr viel anderes genannt. Aber das Realistische, aus dem das Surrealistische aufsteigt und seine eigene Grundlage überwacht, verschwindet ja während des Aufsteigens nicht. Wenn also der Himmel des Tageslichts sich über die hausgeborene irdische Nacht wölbt, mag es zwar für unsere Sinne naturwidrig sein, aber nachts, zwischen zwölf und zwei Uhr, wenn wir die Augen schließen, wissen wir sehr wohl, wie natürlich es ist, daß der Tag mit uns ist.

Wir wissen sehr wohl, mit welcher Vertrautheit wir uns durch den Tag bewegen, aber nachts bewegt sich der Tag mit der gleichen Vertrautheit durch uns. Nachts, wenn wir uns vertrauensvoll im Erdschatten zurechtlegen, sind wir nur vertrauensvoll, weil wir wissen, daß dieser Aufenthaltsort im Schatten uns vom Licht auf der anderen Seite der Erde geschenkt wird. Licht und Schatten untrennbar verbunden in unserer Form von Nacht, worin wir im Ruhelosen ruhen.

Im Grunde leben wir in einer Art Gleichzeitigkeit von Tag und Nacht. Einer Gleichzeitigkeit oder einer Poesie, die uns lehrt, daß wir nur unsterblich sind, solange wir leben. Man kann ja den Nachtschlaf, im Schutz des Erdschattens, als eine Übung darin betrachten, sich der absoluten Nacht zu nähern. Zwischen zwölf und zwei denkt man sicherlich oft an den Tod, ohne ihn nennen zu wollen. So wie man an den Krieg denkt und weiß, daß er nie aufhört, wenn wir nicht ausreichend viel von dem, was wir Nacht nennen, durch den Tag mit uns bringen. Wie? Vielleicht sollten wir immer, bei jedem Schritt, den wir getan haben, mit einem sehr langen und überdimensionalen Schatten auf den Gehsteigplatten umherlaufen, zur Erinnerung an nichts. Es heißt, wir erwachten in dem Augenblick aus dem Schlaf, wo wir träumen, daß wir träumen. Vielleicht sterben wir in demselben Augenblick, wo wir dem Schatten im Lichte stehen.

Wie das Auge, das seine eigene Netzhaut nicht sehen kann

Was kommt zuerst, Rede oder Zahl, die Sprache oder die Mathematik?

Man muß reden können, um bis zehn zu zählen. Oder richtiger: man muß reden können, um anderen zu erzählen, daß man bis zehn zählen kann. Aber umgekehrt, um zu reden, muß man auch zählen können, wenigstens bis zwei. Wie das Kind, das mit seinen ersten plappernden Mitteilungen, Mutti und ich, Mami und ich, schon im Besitz der Zahl zwei ist, ich plus die Welt, und damit sowohl zählt als auch redet.

Zahl und Rede ist denn auch dasselbe Wort* mit einer Bedeutungsskala zwischen Berechnung, Bericht, Aufzählung, Erzählung, Summe und Gespräch.

Dennoch geschieht es, beim Heranwachsen, während wir uns die Werte und die Umgangsformen der Gesellschaft aneignen, daß die Zahlen und die Rede immer weiter voneinander getrennt werden.

Wenn das Kind eines Tages seine ersten mehr oder minder erkennbaren Worte hersagt, wird es wie eine Offenbarung betrachtet, ein Weltereignis, dem die Umgebung mit entzücktem Staunen begegnet. Was gefeiert wird, ist die Sprache, unsere besondere Zufluchtsstätte vor einer drohenden Umwelt, auf die Dauer unsere wichtigste Fähigkeit, wenn wir als Spezies in einem öden Universum überleben sollen.

Während die Rede deshalb nahezu als göttlich gilt – im Anfang war das Wort, und das Wort war bei Gott –, obschon sie gerade das Menschlichste ist, das es gibt, ist es mit den Zah-

* Dänisch *tal* (Zahl) und *tale* (Rede). (A. d. Ü.)

len anders. Zwar haben wir Abzählreime und Merkverse und Singspiele, zu denen die Zahlen als Rhythmus und als Herzählen von anscheinend zufälligen Phänomenen gehören, aber die Zahlen werden nicht wie die Rede zu einem Erlebnis dessen gemacht, was uns in der Welt gemeinsam ist, und nicht unmittelbar zum Gegenstand von Staunen und Ehrfurcht. Vielleicht weil uns in den Zahlen auch die nichtmenschliche Welt gemeinsam ist, von der uns die Rede zunächst auf so zweckmäßige Weise abgrenzt.

Deshalb sieht es so aus, als erlitten die Zahlen, und die Mathematik, das Schicksal, außerhalb geschoben zu werden, hinaus in die Natur, vor der wir uns einerseits beschützen, die wir andererseits beherrschen müssen. Einerseits hinaus in das leere, sogenannte un-menschliche Universum, andererseits hinaus in diejenigen Winkel der menschlichen Intelligenz, die, leer oder nicht, nicht unmittelbar sozial bedingt sind.

Teils werden die Zahlen also dem Weltraum zugewiesen, einem Abstraktum, von dem wir zwar ein Teil sind, zu dem zu gehören uns in unserem kurzen Leben aber nicht gelingt, wenn wir uns auch davor beschützen sollen, und teils weist man den Zahlen einen besonderen Platz im Bewußtsein zu, einem strategischen Feld, das wir so einrichten, daß es aufs bestmögliche das Fremde beherrscht, dasjenige, wovor sich der Mensch seit Urzeiten hat beschützen müssen.

Auf diese Weise werden die Zahlen, die eigentlich eine universale Offenbarung sind, zu etwas Partiellem, zu einer angelernten Fertigkeit, die dem mehr allgemeinmenschlichen Wesen der Sprache unterstellt ist. Und diese Zählfertigkeit hat üblicherweise so viel Nutzwert, daß die Zahlen ihr Recht einbüßen, auf das hinzuweisen, was vor und nach und in der Menschheit unterwegs liegt. Die Zahlen werden im Alltag zu einem Symbol unserer Macht über die Welt, während wir mehr oder minder bewußt übersehen, daß die Zahlen ihre eigene Autorität haben und in sich selbst Ausdrücke sind, die unvermeidlicherweise auch unsere Verbundenheit mit der Welt beschreiben.

Die Zahlen haben also mindestens zwei sehr sichtbare Leben. Ein Leben als Zeichensystem im Dienste der Naturwissenschaft, insbesondere für Materien außerhalb des Menschen, wo ein sprachlich stummes Selbstverständnis nötig scheint, und ein Leben als Symbolsystem in der Gesellschaft, in unserem Handel und Wandel mit der Welt und miteinander, unserem absolut unphilosophischen Schalten und Walten, ausgelegt in Handelszahlen, Statistiken, Budgets u. a.

Aber in den Zwischenräumen zwischen den vielen Leben der Zahlen im Gesellschaftsleben haben sie ein Leben in sich selbst, ein Leben, in das wir derart eingelagert sind, daß wir es fast nicht sehen können. Auf dieselbe Weise, wie das Auge seine eigene Netzhaut nicht sehen kann. Wir haben ab und an eine Ahnung von der Existenz dieser Zahlenwelt, meistens aber lassen wir sie sein, wie etwas, das wir nicht brauchen.

Selber habe ich keinen wissenschaftlichen Umgang mit den Zahlen gehabt, und als Gesellschaftswesen habe ich mit Hilfe der täglichen Haushaltsabrechnungen auch keine besondere Macht über die Welt bekommen. Auch zu den Gebieten zwischen dem Faktischen und dem Nützlichen, wo sich die kulturell bedingte Zahlenmagie befindet, habe ich keinen persönlichen Zugang gehabt. Die Zahlenmagie als solche scheint oberflächlich, eine Rationalisierung im Verhältnis zu der ganz unbestimmbaren Angst, mit der wir immer leben müssen und von der wir uns deshalb, um eine vorübergehende Geborgenheit zu empfinden, einbilden müssen, wir könnten sie bestimmbar machen bloß dadurch, daß wir sie an etwas scheinbar Bestimmtes heften, z. B. an die Zahl 13 oder ähnliche Unglückszahlen.

Die Primzahlen, ob wir sie nun zu Unglückszahlen oder zu Glückszahlen ernennen, haben offenbar etwas, das an uns appelliert, so daß wir in diesen einmaligen, unerklärlich selbständigen Zahlen ein Bild derselben Zufälligkeit des Unglücks und des Glücks sehen, die wir selber in unserem Leben als verständnislose Individuen in einem Universum erleben müssen, das im übrigen mit seinen eigenen Regeln einverstanden scheint.

Wir haben alle mit dem Gedanken an Unglückszahlen und Glückszahlen gespielt. Eine solche Glückszahl habe ich auch oder habe sie zumindest in romantischeren Zuständen gehabt, nämlich die 11, zum ersten eine Primzahl, zum zweiten die erste Überschreitung der Zehn, zum dritten und sicherlich wichtigsten ein Bild: zwei gleichgestellte Einsen, die in ihrer Doppelfigur noch immer die ursprüngliche Einheit vorweisen und die danach, wenn wir sie als anderes denn als reine Abstraktionen zusammenlegen, z. B. als Karnickelmännchen plus -weibchen, sowohl sie selber bleiben als auch sich verwandeln, indem sie fortlaufend als sie selber in etwas ganz anderem anwesend sind, in etwas zugleich völlig Drittem, z. B. in dem Karnickeljungen, das wiederum ein vorübergehendes Ergebnis in einem fortlaufenden Prozeß ist. Dieses Erlebnis der Zahlenreihe als eines Prozesses, und nicht bloß einer mechanischen Reihenfolge, ist für mich immer anziehend gewesen, als die Vorstellung einer Bilderwelt, einer Metapher der unsichtbaren Welt, die dem Verhältnis zwischen der Sprache und der sichtbaren Welt entspräche, derjenigen, die wir tagtäglich beim Namen nennen, die vor allem aber dieses Verhältnis zusammenstellte und strukturierte.

So meine ich, daß sowohl Rede als auch Zahl Bildersprachen sind, die ineinandergreifen und voneinander abhängig sind, da die Phänomene nicht anders als um eine gemeinsame aufrechterhaltende Struktur hervortreten können, während umgekehrt eine Struktur nicht anders erkannt werden kann als um die Phänomene herum. Hier sind wir natürlich dicht an der Poesie.

Zu einem bestimmten Zeitpunkt habe ich eine Gedichtsammlung geschrieben, *alphabet*, ein längeres zusammenhängendes Gedicht, das auf eine besondere Weise zustande kam, ein Prozeß, der auf den Zusammenhang zwischen Zahl, Poesie und Sprache vielleicht Licht werfen kann.

Wie es vielen in ihrem Arbeitsleben widerfährt, erlebte ich eine Krise. Warum an Gedichten arbeiten? Warum überhaupt arbeiten? Die Atomwaffen und anderes mehr oder minder gegenwärtige Unheil standen zur Diskussion. Das tun sie immer, kann man sagen – und dennoch. Ab und an ist man selber sensibler für die Diskussion als sonst – und die Gesellschaft ist das übrigens auch, so als brauchten wir von Zeit zu Zeit, daß etwas in Vergessenheit gerät, einfach um den akuten Überlebenswillen zu sichern. Auf dieselbe Weise, wie der einzelne auch nicht, bei erhaltener Gesundheit, tagaus, tagein an den Tod denken kann.

Aber damals lebte ich also in einem kritischen Zustand, der, wenn er beantwortet werden sollte, nur der Poesie eine Antwort abverlangen konnte. Im Rückblick mag das logisch klingen, aber so war es bestimmt nicht.

Die Arbeit selber begann als ein Prozeß des Sammelns. Eine mir selbst unverständliche Beschäftigung damit, Einzelwörter auf Papier zu schreiben, vorzugsweise Substantive, die auf konkrete Phänomene in der Welt verweisen, alles mögliche Eßbare, Sichtbare und Sinnliche wie Aprikosen, Tauben, Melonen usw. Da standen sie, auf großen Bögen weißen Papiers, Wörter mit A, Wörter mit B, Wörter mit C usw., und wenn ich noch unerträglich länger drangeblieben wäre, hätte es einer besonders schlampigen Form von Wörterbuch geähnelt, einer Wildnis von unzusammenhängenden Phänomenen.

Unterwegs in dieser »Arbeit« wurde mir klar, daß die Phase des Sammelns in sich selbst einen beschwörenden Charakter hatte. Mir ging nämlich auf, daß ich Wörter sammelte, um mich selbst daran zu erinnern, daß die entsprechenden Dinge existierten, und um die Hoffnung auf ihr weiteres Existieren anzurufen. Ein beschwörender Charakter, aber natürlich noch keine beschwörende Form. Und in der Form liegt ja die eigentliche Beschwörung.

Hier gerät die Mathematik herein. Und geriet in die Situation hinein. Denn zwar ist die Beschwörung sprachlichen Charakters – wie einst die Steinzeitleute ihre Worte ums Feuer herum psalmodiert haben müssen, um das Dunkel fernzuhalten –, aber sie ist zugleich rhythmischen, musikalischen Charakters und hat damit im Grunde Zahlencharakter.

Es ist evident, daß ein Gedicht, das die Welt als Ganzes beschreiben will (aus natürlichen Gründen in verkürzter Form!), nicht einfach Allerweltsphänomene auf zufällige Weise herzählen kann (und das Alphabet ist ja zufällig). Die Phänomene treten nicht von selbst in einem Gesamtzusammenhang auf, bloß weil sie benannt werden. Ihr Zusammenhang liegt in dem verborgen, was ihr Zumvorscheinkommen verursacht haben muß. Für uns liegt er verborgen in ständig revidierten Theorien über das Entstehen des Universums.

Alle laufen mit Vorstellungen davon herum, wie die Welt eingerichtet ist und verläuft. Zu der Zeit, als *alphabet* geschrieben wurde, war die Urknall-Theorie die führende. Als das Universum geboren wurde, geschah folgendes: Alles, was anfangs zu fast nichts zusammengepreßt war, explodierte und verteilte sich nach allen Seiten, eine Bewegung, die andauern wird, bis die Verteilung so groß ist, daß alles anscheinend verschwinden und wieder zu nichts oder fast nichts werden wird. Ein Bild also. Das ich selber erlebte, nahezu wie eine Vision, als ich in meinem Suchen nach Wörtern zufällig an Zahlen geriet (in einem Lexikon unter F), nämlich an Fibonaccis Zahlenreihe. Und hier haben wir eigentlich die Karnickel wieder. Denn Fibonaccis Zahlenfolge entstand ursprünglich als Antwort auf folgende Frage: Auf wie viele Karnickelpaare kommt man, wenn man mit einem Paar anfängt und jedes Paar jeden Monat ein neues Paar produziert, das im Laufe des zweiten Monats seiner Existenz produktiv wird. *1, 1, 2, 3, 5, 8, 13, 21, 34, 55, 89, 144, 233, usw.*, wobei jede Zahl die Summe der zwei nächstvorangegangenen ist.

Fibonacci (Leonardo aus Pisa) lebte von 1170 bis 1250

und gehörte zu den ersten, die in Europa arabisches Behandeln von Zahlen, also nicht bloß die Karnickelreihe einführten.

Vielleicht kann man Fibonaccis Reihe als eine Kuriosität betrachten (ihre Zahlen nähern sich dem Goldenen Schnitt), man kann offenbar aber auch, wie ich, erleben, daß, wenn man in der Poesie das Verhältnis »Ich plus die Welt« darlegen soll, dieses Plus sich als das Leben der Zahlen in einem selbst entpuppt.

Wenn die Zahlen, hier Fibonaccis Reihe, die Grundstruktur in einem sprachlichen Werk bilden, treten sie ohne weiteres als eine Spiegelung des Zusammenhangs auf, den die Sprache selber nicht erreichen kann.

Das sage ich deshalb, weil ich Fibonaccis Reihe als ein Gedicht erlebt habe, das sich draußen in der Unlesbarkeit befand, dessen formale Struktur ich aber über die eingesammelten Wörter und ihre Phänomene drücken konnte. Dadurch habe ich ein Gedicht geschrieben, das verhältnismäßig lesbar ist, das es aber am meisten dadurch ist, daß es auf unsere gemeinsame Unlesbarkeit zeigt.

In dem Zusammenhang kann es von Interesse sein zu erzählen, daß ich erst nach dem Schreiben von *alphabet* detaillierte Kenntnis von Fibonaccis Reihe erhielt, vorzugsweise durch freundliche Leser, die mich darauf aufmerksam machten, daß sich Unmengen von Pflanzen sozusagen der Fibonaccischen Zahlen bedienen. Z. B. werden zwei aufeinanderfolgende Blätter an einem Pflanzenstengel das Verhältnis zwischen Fibonacci-Zahlen spiegeln, die zwei Stellen auseinanderstehen. Beim Apfelbaum ist dieses Verhältnis 2 zu 5, bei Porreepflanzen 5 zu 13. Und das gilt nicht nur für Blätter, sondern auch für Zweige, Blüten und Samen. Bei der Sonnenblume und der Margerite z. B. sind die Samen in der Mittelscheibe in Spiralen angeordnet, wo die Zahlen für Sonnenblumen generell 21 und 34, 34 und 55 oder 55 und 89 sind, während sie bei Margeriten 21 und 34 sind.

Daß die Natur von selbst den Zahlen folgt, oder daß wir, die wir ja auch ein Teil der Natur sind, sehen können, wie die Zahlen Gefolgschaft halten, das sagt mir, daß wir ihnen wohl bewußter folgen und sie bewußter verfolgen sollten, weil ein Bündnis mit den verborgenen Zahlen der Rede nötig ist, wenn wir in der Sprache das Vor-Sprachliche ausdrücken wollen, und zumal, wenn wir – ob es nun in der Wissenschaft geschieht oder außerhalb – das Universum zu Wort kommen lassen wollen. Vielleicht ein nichtiger menschlicher Ehrgeiz – aber wer weiß, vielleicht auch der nichtige Ehrgeiz des Universums, wenn es sich selbst durch uns oder ähnliche Wesen sehen will.

Notiz

Alle Texte sind Auftragsarbeiten, geschrieben für Zeitungen und Anthologien oder als Vorträge für verschiedene literarische Institutionen.

Gedicht vom Tod
Se døden i øjnene. Det Etiske Råd. 1989
Erstdruck: Kleinheinrich. 1991

Der Schatten der Wahrheit
Neue Zürcher Zeitung. 1992

Der naive Leser
Berlingske Tidende. 1991

Unsere Erzählung von der Welt
Kunstnernes støtte. Et festskrift til Statens Kunstfonds 25-års jubilæum. 1989

Die Seide, der Raum, die Sprache, das Herz
Stiftung Niedersachsen, Literaturdialoge in Goslar. 1992

Das Mysterium der Realitäten
Berlingske Tidende. 1990

Der Geheimniszustand
Schule für Dichtung in Wien. 1992

Alles Wörter
Schule für Dichtung in Wien. 1992

Die ordnende Wirkung des Zufalls
Kunstverein Wien, Alte Schmiede. 1994

Rasmus Rask im Paradies
Jyllands-Posten. 1993

Wie das Auge, das seine eigene Netzhaut nicht sehen kann
Udsagn. En mosaik om matematik, Matematiklærerforeningen. 1991

Bei Fragen zur Produktsicherheit wenden
Sie sich bitte an den Carl Hanser Verlag:
Vilshofener Straße 10, 81679 München
info@hanser.de